아차, 또 틀렸네

아차, 또 틀렸네

우리말 우리글

저자 윤성국

이든북

저자의 말

2010년 5월 3일 금강일보 창간을 앞두고, 편집국장의 소임을 맡은 저자는 부장 등 데스크들과 함께 독자에게 선보일 지면 편집을 구상 중이었다.

한 지면에 이것저것 편집을 해 보니 면 아래에 작은 공백이 생겼다. 원고지 4매 정도의 분량이면 되는데 딱히 배치할 만한 것이 없어 여간 고민이 아니었다.

편집국에서도 좋은 아이디어는 등장하지 않았다. 생각 끝에 저자가 직접 우리말 우리글을 써 보기로 마음을 먹었다. 일주일에 한 번이니 감당할 수 있을 것이란 선부른 판단과 더불어.

우리말 우리글을 집필할 용기를 낼 수 있었던 것도 대학에 교정실무 강의를 나갈 기회가 있어서 교열과 교정 공부를 조금씩 해 왔던 터라 가능했다. 약간은 무모한 도전이 이렇게 시작된 것이었다.

'윤성국의 우리말 우리글' 그렇게 시작된 6년여의 긴 여정이었다. 일주일에 한 번, 원고지 4매 정도의 분량이라고는 하지만 만만하지 않은 작업이었다. TV를 보다가 자막에 등장하는 잘못된 우리말도 중요한 소재가 됐고, 대담 프로그램은 물론, 신문 방송 등 언론 속에 가끔 등장하는 실수도 양식거리가 될 수 있었다. 이 밖에도 주변 사람들의 대화 속에서도, 인터넷 등에 떠도는 수많은 글 속에서도 크고 작은 영감을 얻을 수 있었지만 타는 목마름이 시원하게 해소될 수준은 아니어서 늘 머리를 쥐어짜야 했다.

이렇게 긴 고난의 노정은 때마침 대표이사라는 새 직함을 앞두고 마침표를 찍을 수 있게 됐다. 2010년 5월 4일부터 2016년 7월 12일까지 약 6년 2개월간 금강일보에 연재된 '윤성국의 우리말 우리글'은 이렇게 시작되고, 마무리됐다.

연재를 하던 중 '책을 만들면 좋겠다.'는 주변 지인들의 제안을 많이 받았다. 또 후배 기자들로부터도 발간을 권하는 주변 지인들의 전언을 접할 수 있었으나 결심은 쉽사리 성사되지 않았다.

그러나 나이 60이 던지는 여생을 향한 무언의 경고가 뇌리를 쿡쿡 찌르는 즈음에, 아쉬운 삶의 족적을 매조지하는 노력도 필요하고, 6년여 공을 들인 글 하나 하나를 구슬을 꿰듯 꿰어 보면 나름 의미를 부여할 수 있을 것이라는 판단에 작심을 굳히고, 출간을 서두르게 됐다.

6년여의 긴 시간으로 인해 집필 당시 틀린 말이라고 지적했던 우리말이 도중에 국어대사전에 표준어로 등재가 되는 일도 빈번히 발생했고, 당시 마뜩지 않았던 글들도 더러 있어 여러 수정과 가감을 거듭했다.

국어를 전공한 학자도 아닌 언론인이 부끄러운 마음을 힘겹게 떨치고, 선보이는 이 책은 아리송해 누구나 쉽게 실수하게 되는 생활 속 우리말 우리글을 보고 듣고, 취재해서 한곳에 모은 작은 우리글 모음집이다.

우리말 우리글의 발전에 크게 기여할 것이라는 등의 큰 기대는 감히 하지 않는다. 우리말에 무심해 실수를 연발하는 학생들과 더불어 누군가에게 우리말을 이해하고, 친숙해지는 데 작은 도움이라도 줄 수 있다면 만족할 수 있다. 쉽지만 흔히 착각하고, 헷갈려 잘못 사용하는 글들이기에, 누구나 가볍게 일람하는 것만으로도 어떤 도움이 되지 않을까 싶다.

우리말 우리글 연재에 사용된 대부분 뜻풀이는 국립국어원의 표준국어대사전을 인용했다. 또 풀이 과정에서 다른 사전이나 다른 의견과 부딪칠 경우 국가기관의 표준국어대사전을 따랐음을 밝힌다.

차례

004····저자의 말

1 이것저것

012····가능한 빨리 오세요
013····가름, 가늠, 갈음
014····가을내, 가으내
015····가치, 개피, 개비
016····간지럼 피우다
017····간질이다, 간지르다, 간지럽히다
018····갈래야, 가려야
019····갔다 올게, 갔다 올께
020····강수량, 강우량
021····개거품, 게거품
022····개구쟁이, 개구장이
023····건넛방, 건너방
024····건데기, 건더기
025····결단, 결딴
026····결재, 결제
027····경신, 갱신
028····곤혹을 치르다
029····곱빼기, 곱배기, 꼽배기, 꼽빼기
030····과녁, 과녘
031····과반수 이상
032····궁시렁거리다, 구시렁거리다
033····귤껍데기, 귤껍질
034····그리고 나서, 그러고 나서
035····그제서야, 그제야
036····김치 소, 김치 속
037····김치를 담궈, 김치를 담가
038····깐보다, 깔보다
039····깡술, 강술
040····깨우치다, 깨치다
041····꾸물꾸물한 날씨
042····끝장, 끝짱
043····끼어들다, 끼여들다
044····나랏님, 나라님
045····난이도가 있는 문제
046····날으는 원더우먼
047····남은 여생
048····낳았다, 나았다
049····내 거, 내 꺼
050····내딛은, 내디딘
051····너머, 넘어
052····넌저리가 나다
053····넓적한, 넙적한 얼굴
054····네댓 개, 너댓 개
055····놀래켰다고?
056····누룽지, 눌은밥
057····늘상, 노상
058····늘은 것 같다고요?
059····늘이다, 늘리다
060····닐리리, 늴리리
061····다구요, 다고요

062⋯⋯단언컨데, 단언컨대
063⋯⋯단추를 꿰매 입다
064⋯⋯달디달다, 다디달다
065⋯⋯대단원의 막을 올리다
066⋯⋯댑다, 딥다
067⋯⋯덩쿨, 덩굴
068⋯⋯덮이다, 덮히다
069⋯⋯도긴개긴, 도찐개찐
070⋯⋯돋우다, 돋구다
071⋯⋯되갚음하다, 대갚음하다
072⋯⋯될수록, 되도록
073⋯⋯두루말이, 두루마리
074⋯⋯두째, 세째, 네째
075⋯⋯뒤꿈치, 뒷꿈치
076⋯⋯뒤처지다, 뒤쳐지다
077⋯⋯뒷치닥거리, 뒤치다꺼리
078⋯⋯들렸다, 들렀다
079⋯⋯들이키다, 들이켜다
080⋯⋯때마침
081⋯⋯떨어먹다, 털어먹다
082⋯⋯떼거지로 몰려오다
083⋯⋯뜻뜨미지근하다, 뜨뜻미지근하다
084⋯⋯띠다, 띄다
085⋯⋯~로서, ~로써
086⋯⋯맛뵈기, 맛보기
087⋯⋯맞혀 봐라, 맞춰 봐라
088⋯⋯머리말, 머릿말
089⋯⋯멀지않아, 머지않아
090⋯⋯며칠, 몇일
091⋯⋯못미처, 못미쳐
092⋯⋯무르다, 물리다
093⋯⋯밑둥, 밑동
094⋯⋯바람, 바램
095⋯⋯박이, 배기
096⋯⋯박이다, 박히다
097⋯⋯반증, 방증
098⋯⋯밥힘, 밥심
099⋯⋯뱃속, 뱃속
100⋯⋯본데없이, 본때없이
101⋯⋯부딪치다, 부딪히다
102⋯⋯부문, 부분
103⋯⋯부비다, 비비다
104⋯⋯부셔 버리다, 부숴 버리다
105⋯⋯부쳐, 붙여
106⋯⋯붇다, 불다
107⋯⋯빌어, 빌려
108⋯⋯빨강색, 빨간색
109⋯⋯빨리, 일찍
110⋯⋯뺏았다, 뺏었다
111⋯⋯사단이 났다
112⋯⋯삭이다, 삭히다
113⋯⋯삼가해 주세요
114⋯⋯삼수갑산, 산수갑산
115⋯⋯상습 침수 지역
116⋯⋯설레다, 설레이다
117⋯⋯세 되, 석 되
118⋯⋯수게, 숫게', '숫벌, 수벌'
119⋯⋯승전보를 울리다

차례

120 시덥지 않다, 시답지 않다
121 시려워, 시려
122 시옷, 시읏, 지옷, 지읒
123 심란하다, 심난하다
124 썩히다, 썩이다
125 쏘냐, 소냐
126 아기야, 애기야
127 아니오, 아니요
128 아닐런지, 아닐는지
129 아무러면, 아무려면
130 악천우, 악천후
131 안 돼, 안 되
132 안녕히 가십시요, 안녕히 가십시오
133 안절부절못하다, 안절부절하다
134 안주 일절, 안주 일체
135 안치다, 앉히다
136 알맞은, 알맞는
137 야밤도주, 야반도주
138 양수겹장, 양수겸장
139 어따 대고, 얻다 대고
140 어떻게, 어떡해
141 어리버리, 어리바리
142 어줍잖게, 어쭙잖게
143 얼만큼, 얼마큼
144 엄한 사람, 애먼 사람
145 '여(餘)'의 바른 사용
146 여지껏, 여태껏
147 역임하다
148 연연생, 연년생
149 염치 불구, 염치 불고
150 옛부터, 예부터
151 오랫만에, 오래동안
152 왠지, 웬지
153 우겨넣다, 욱여넣다
154 운명을 달리하다
155 울궈먹다, 우려먹다
156 움큼, 웅큼
157 웃어른, 윗어른
158 웬간하면, 웬만하면
159 '육월, 유월', '십월, 시월'
160 으시시하다, 으스스하다
161 이따, 있다
162 이라야, 이래야
163 이래 뵈도, 이래 봬도
164 이럴려면, 그럴려면
165 이에요, 이예요
166 익숙치 않아서
167 있슴, 있음
168 있음에, 있으매
169 자랑스러운, 자랑스런
170 작다, 적다
171 전세집, 전셋집, 월세방, 월셋방
172 절대절명, 절체절명
173 접지르다, 접질리다
174 조그만하다, 조그마하다
175 좇다, 쫓다
176 좋겠구먼, 좋겠구만
177 좋데, 좋대

178…좋지 않느냐, 좋지 않으냐
179…주르륵, 주루룩
180…주야장창, 주구장창, 주야장천
181…주위가 산만하다
182…지그시, 지긋이
183…지새우다, 지새다
184…짤렸다, 잘렸다
185…쩔어서, 절어서
186…쯤, 즈음
187…찝적거리다, 찝쩍거리다
188…차, 차이
189…천만에 말씀, 천만의 말씀
190…초죽음, 초주검
191…촛점, 초점
192…추스리다, 추스르다
193…취업률, 취업율
194…치고박고, 치고받고
195…치루다, 치르다
196…칠칠맞게 왜 그래
197…'터울'의 바른 사용
198…통째, 통채
199…통틀어, 통털어
200…틀린 생각, 다른 생각
201…폭팔, 폭발
202…풍지박산, 풍비박산
203…하느라고, 하노라고
204…하예지다, 하얘지다
205…한 켠, 한 편
206…한가닥 하다, 한가락 하다
207…한참, 한창
208…햇볕, 햇빛
209…홀몸, 홑몸
210…'회자되다'의 바른 사용
211…흉폭하다, 흉포하다
212…흐리멍덩하다, 흐리멍텅하다

2 띄어쓰기

214…가량
215…간(間)
216…'-같이'와 '-같은'
217…것, 거, 건, 걸, 게
218…겸, 내지, 등
219…그럴 듯하다, 그럴듯하다
220…기계화되다, 기계화 되다
221…남편분, 남편 분
222…대(代, 對, 大…)
223…대로
224…더욱더(복합부사)
225…더하다, 더 하다
226…데
227…듯, 듯하다

228····만
229····만나자 마자
230····만큼
231····많을뿐더러, 많을 뿐더러
232····맨
233····멋있구먼 그래
234····못하다, 못 하다
235····바
236····밖에
237····부재중, 부재 중
238····뿐
239····뿐만 아니라
240····상(上), 하(下)
241····수 십여 명, 수십여 명
242····수(數)는 만 단위로 쓴다
243····스물두 살, 스물 두 살
244····어치, 짜리
245····이외, 이 외
246····잘 한다, 잘한다
247····정말이고말고, 정말이고 말고
248····지
249····참다못해, 하다못해, 듣다못해···
250····커녕, 마저, 나마, 조차···
251····투성이
252····포기할망정, 포기할 망정
253····한번, 한 번
254····할거야, 할 거야
255····해야겠다, 해야 겠다
256····호칭, 성과 이름

3 외래어 표기

258····리더십, 리더쉽
259····쥬스, 주스
260····카리브해, 카리브 해
261····퍼센트(%), 퍼센트포인트(%P)

1

이것저것

우리말 우리글 가능한 빨리 오세요

'회장님이 한 시간 빨리 도착하신다고 조금 전에 비서실에서 연락이 왔습니다. 부장님, 가능한 빨리 오세요.'

어떻게 해달라고 주문할 때 우리는 '가능하다면, 할 수 있으면'의 뜻으로 '가능한'을 자주 쓴다. 그러나 윗글처럼 '가능한 빨리'라고 쓸 수는 없다. 윗글은 '가능한 한 빨리 오세요.'가 바른말이다.

가능한은 형용사 '가능하다'의 관형형이다. 따라서 관형사는 뒤에 체언이 오고, 그 체언이 가진 뜻을 꾸며주므로, '가능한' 뒤에 부사 '빨리'가 올 수 없다. 그래서 뒤에 조건이나 상황, 경우의 뜻을 나타내는 명사 '한(限)'을 붙여, '가능한 한 빨리'의 형태로 사용하는 것이다. 동사도 뒤에 따라 올 수 없다. '가능한 달려가라, 가능한 먹어라'도 뒤에 '한'을 넣어 '가능한 한 달려가라'처럼 사용해야 바른말이다.

'가능한 생각이다. 가능한 일이다.' 등은 뒤에 명사가 왔으므로 바른 사용이다.

그러나 뒤에 명사가 오더라도 의미 전달이 불분명해 '한'을 넣어야 할 때가 있다. '가능한 남의 힘을 빌리지 마라'라고 할 때, '가능한'이 뒤에 온 '남의 힘'을 수식하면 이 말의 의미는 불분명해진다. '한'을 넣어 '가능한 한(가능하다면) 남의 힘을 빌리지 마라.'라고 써야 의미 전달이 분명해진다.

우리말 우리글 가름, 가늠, 갈음

'행사에 참석하신 모든 분들의 가정에 행복과 화목이 가득하길 기원하는 것으로 오늘의 축사를 가름하고자 합니다.'

행사에 참석한 내빈들에게 배포된 인쇄물에 기록된 인사말의 한 부분이다. 그런데 근사하게 던진 인사말이 잘못 사용됐으니 체면을 구기게 됐다. 여기서 사용된 '가름하다'는 '갈음하다'로 써야 옳다.

많이 헷갈리는 '가름 가늠 갈음'을 살펴보자. '가름'은 '쪼개거나 나누어 따로따로 되게 하는 일, 승부나 등수 따위를 정하는 일, 함께 하던 일을 서로 가르는 일, 구별, 분별'의 뜻이다.

간단히 말해 무엇을 나누거나, 구분, 구별한다고 생각하면 된다. '오늘 경기의 결과가 올 한 해 경기 흐름을 가름한다고 생각하고 열심히 뛰어 주세요.'가 좋은 예문이다.

'가늠'은 '목표나 기준에 맞고 안 맞음을 헤아려 봄. 또는 헤아려 보는 목표나 기준, 사물을 어림잡아 헤아림'의 뜻이다. 이것은 무엇을 짐작하고, 헤아려보고, 추정해보는 것이라 생각하면 정리가 쉽게 된다.

'경기가 이랬다가 저랬다가 해서 어느 팀이 이길지 가늠할 수가 없다, 총을 잘 가늠해 쏘다.' 등으로 사용한다.

'갈음'은 '다른 것 또는 같은 것으로 바꾸어 대신함'의 뜻이다. '기념품이 다 떨어져 5천 원짜리 상품권으로 갈음하겠습니다.'처럼 쓰면 된다.

우리말 우리글 가을내, 가으내

하늘이 높고 푸른 가을이 오면, 가으내 가장 많이 하는 말 중의 하나가 하늘은 높고, 말은 살이 찐다는 '천고마비(天高馬肥)'이다.

'처음부터 끝까지'를 뜻하는 부사 '내내'의 준말 '내'는 '접미사'로서 기간을 의미하는 말 뒤에 붙어 사용된다. 그래서 봄철 처음부터 끝까지, 또는 봄철 동안 계속해서를 뜻할 때에는 '봄내'라고 하고, 같은 경우의 여름은 '여름내'로 쓰면 바른말이다.

그러나 봄여름과 달리 가을 내내와 겨울 내내를 나타내기 위해서는 뒤에 '내'를 붙여 '가을내, 겨울내'라고 해야 하나 이렇게 사용할 수 없다.

'가을내, 겨울내'라고 쓰는 경우가 많이 있지만 바른말이 아니다. 이 경우 'ㄹ'이 탈락한 '가으내, 겨우내'로 사용해야 바른말이다.

'아침저녁으로 흘린 땀을 먹고 자라서인지 과수 농사가 풍년을 맞았고, 넓은 과수원을 오가며 가으내 수확하느라 세월이 가는 줄도 몰랐다.' '가으내 수확한 과일을 잘 보관해 두었다가 겨우내 비싼 값을 받고 팔아 그동안 투자한 돈을 상당 부분 건질 수 있었다.'처럼 사용하면 된다.

가치, 개피, 개비

"친구야 담배 한 가치만 빌려다오. 오늘 이내로 곧 갚을게." "너는 어제도 다섯 개피나 빌려 가더니 또 빌려달라고 하는데, 더 이상 안 되겠다."

친구 간의 대화이다. 그러나 담배를 빌리거나 지칭할 때 사용하는 윗글의 '가치, 개피'는 모두 틀린 말이다. 더러는 '까치'라고도 하지만 마찬가지로 틀린 말이다. 바른말은 '개비'이다.

'개비'는 '가늘게 쪼갠 나무토막이나 기름한 토막의 낱개, 수량을 나타내는 말 뒤에 쓰여 가늘고 짤막하게 쪼갠 토막을 세는 단위'의 뜻이다. 이 밖에도 '도자기를 구울 때, 가마 문 앞에 놓아 그릇을 덮는 물건, 헌것을 갈아 내고 다시 장만하여 갖춤(改備)'의 뜻도 갖고 있다. 따라서 '담배 한 개비, 장작 한 개비, 향 한 개비' 등으로 사용해야 된다.

그러나 다소 난해한 말이 있다. 국립국어원의 표준국어대사전에는 '가치담배'가 등재돼 있다. '갑에 넣지 않고 낱개로 파는 담배'를 뜻한다. '가치'가 담배의 한 개비를 뜻하는 말이 아닌데, 어떻게 '가치담배'가 표준말로 올라 있는지는 알 수가 없다. 이 '가치담배'란 말 때문에 '가치' 등으로 잘못된 말을 사용하도록 부추긴 것은 아닌지 모르겠다.

우리말 우리글

간지럼 피우다

간지럼을 많이 타는 사람에게 '간지럼'은 여간 견디기 힘든 일이 아니다. 그런데 상대를 간지럽히는 장난을 '간지럼 피우다'로 쓰는 경우가 많다. 이때 사용하는 바른말은 '간지럼 태우다'이다.

'태우다'를 살펴보자. '태우다'는 '부끄럼이나 노여움 따위의 감정이나 간지럼 따위의 육체적 느낌을 쉽게 느끼다.'를 뜻하는 '타다'의 사동사이다.

부끄러움이나 노여움, 간지럼을 느끼는 '타다'와 달리 '누군가를 부끄러움이나 노여움, 간지러운 느낌을 느끼도록 만드는 것'이라고 생각하면 이해하기 쉽다. 그래서 누군가를 간질이는 것을 '간지럼 태우다'로 표현하는 것이다.

'피우다'는 (일부 명사와 함께 쓰여) '그 명사가 뜻하는 행동이나 태도를 나타내다.'를 뜻한다. '게으름 피우다, 소란을 피우다, 고집 피우다, 바람피우다'처럼 사용한다.

누가 누구를 어떻게 만든다는 개념과 전혀 다른 한 사람의 행동이나 태도를 뜻하는 것임을 기억해 두면 구분이 쉽다.

우리말
우리글

간질이다, 간지르다, 간지럽히다

여성이 건장한 남편을 완력으로 굴복시키는 것은 여간 힘든 일이 아니다. 대표적인 방법 중의 하나가 간지럼 태우기다. 이때 겨드랑이를 공격하는 것은 간지르는 것일까? 간질이는 것일까?

바른말이 '간질이다'이니 간질이는 것이 맞다.

'간지르다'가 표준어로 잘못 알고 있는 사람이 많다 보니 '간지른다, 간지르고, 간지르니, 간질러' 등으로 잘못 활용해 쓰고는 한다. 그러나 '간질이다'가 바른말임을 명심하자.

'간질이다'는 '살갗을 문지르거나 건드려 간지럽게 하다.'의 뜻이다. 따라서 '간질인다, 간질이고, 간질여' 등으로 활용해 쓰면 된다.

동요 '퐁당퐁당'에 나오는 '건너편에 앉아서 나물을 씻는 우리 누나 손등을 간지러 주어라'도 이제는 바르게 고쳐서 쓸 줄 알아야 한다. '우리 누나 손등을 간질여 주어라'로 써야 옳다.

'간질어 주어라'라고도 많이 쓰지만 마찬가지로 잘못됐다. '간질이다'의 어간 '간질이'에 '어'가 붙어 '간질이어'가 되고, 이것이 줄어 '간질여'가 되는 것이므로 '간질어 주어라'는 잊어버려야 한다.

비슷한 말로는 '간지럽히다'가 있다. '간지럽히다'는 원래 표준어가 아니었지만 '간질이다'와 함께 표준어로 추가됐다. '간지럽혀, 간지럽히니' 등으로 활용된다.

갈래야, 가려야

'서두르다 보니 지갑을 잃어버려 이제는 놀러 갈래야 갈 수가 없습니다.' '갈려면 가라. 내가 돈을 빌려주마.'

바른말인 줄 알고 쓰지만 위 예문은 '놀러 가려야 갈 수가 없다.' '가려면 가라.'로 고쳐 써야 옳다.

'시끄러워 잘래야 잘 수가 없다, 제때 접수를 못 해 시합을 할래야 할 수가 없다.'를 '자려야 잘 수가 없다, 시합을 하려야 할 수가 없다.'로 바르게 쓰면 되레 잘못 쓴 것이 아닌지 착각할 정도이다.

'-려고'는 받침 없는 동사 어간, 'ㄹ' 받침인 동사 어간에 붙어 '어떤 행동을 할 의도나 욕망을 가지고 있음을 나타내거나 곧 일어날 움직임이나 상태의 변화를 나타내는 연결어미이다. 그래서 '가다, 자다, 하다' 등 받침이 없는 동사는 어간에 '려고'가 붙어 '가려고, 자려고, 하려고'가 되는 것이다.

따라서 '-려고 하여야'의 준말 '-려야', ' 려고 하면'의 준말 '-려면'도 모두 마찬가지로서, '가려야, 가려면, 자려야, 자려면, 하려야, 하려면'으로 쓰인다.

'-려고' 앞에 'ㄹ'이 붙는 경우는 'ㄹ'받침인 동사 어간에 붙을 때만 가능함을 잘 기억해야 한다. '갈다, 울다' 등 받침이 'ㄹ'인 동사는 '갈려고, 갈려면, 갈려야, 울려고, 울려면, 울려야'로 쓰인다.

갔다 올게, 갔다 올께

'선생님 화장실 갔다 올께요, 아빠가 데려다 줄께, 내일 정오에 직접 연락할께.'

많은 사람들이 바른말로 착각하고, 잘못 사용하는 문장들이다. 이들 문장에서처럼 '~ㄹ게'를 '~ㄹ께'로 그르게 사용하는 경우가 너무 많아 바른 말로 착각할 수밖에 없는 형편이다. 그러나 분명히 잘못 사용된 말이다.

'~ㄹ게'는 미래의 어떤 행동을 약속하는 종결어미이다. 따라서 된소리 '~께'를 허용하지 않음을 기억하자.

'~ㄹ' 뒤의 된소리 법칙을 간략히 구분해보자. 한글맞춤법 제53항은 'ㄹ로 시작하는 어미는 된소리가 나더라도 예사소리로 적는다.'고 규정하고 있다. '-(으)ㄹ게, -(으)ㄹ걸, -(으)ㄹ거나'와 같은 어미는 모두 예사소리로 적는다고 규정하고 있다.

그러나 의문문일 경우는 예외가 된다. 의문을 나타내는 다음의 어미 '~(으)ㄹ까?, ~(으)ㄹ꼬?, ~(으)ㄹ쏘냐?,' 등은 된소리로 적는다고 규정하고 있다.

위의 예처럼 서술형 문장은 '~ㄹ'뒤에 된소리를 쓰지 않으며, 의문형 문장에서는 된소리를 쓴다고 생각하면 된다.

우리말 우리글

강수량, 강우량

일기예보를 보면 비가 내린 양 또는 내릴 양을 알려주면서 '강수량' 또는 '강우량'이란 단어를 사용한다. '강수량' '강우량'은 어떤 차이가 있을까.

'강수량(降水量)'은 '비, 눈, 우박, 안개 따위로 일정 기간 동안 일정한 곳에 내린 물의 총량'이다. 단위는 'mm'이다. 부피 단위 'ml'가 아니라 길이 단위 'mm'를 사용함을 명심해야 한다.

'강우량(降雨量)'은 '일정 기간 동안 일정한 곳에 내린 비의 분량'이다. 단위는 강수량과 같은 'mm'이다.

따라서 사전의 의미로 볼 때에는 '강수량'이 '강우량'보다 더 큰 의미로 사용되는 것이다. 겨울철에 비가 오고, 눈이나 우박이 내릴 수도 있는데, 이때 강우량이라고 하면 비 외에 눈과 우박의 양을 빼고 계산해야 옳다. 그래서 모두를 아우르는 '강수량'이라고 해야 맞다.

더불어 여름철에 비의 양을 언급하려면 이때는 '강수량'이 아니라 '강우량'을 써야 맞다.

여름에는 기온이 높아 눈 따위가 없으니 기상청에서 강수량이나 강우량을 구분 없이 사용해도 같은 말로 보면 문제가 없다. 그러나 겨울에는 강수량과 강우량은 구분해 사용해야 옳은 표현이다.

우리말 우리글

개거품, 게거품

그리 품위가 있어 보이지 않는 표현 중의 하나지만 '개거품을 물다'라는 말이 더러 쓰인다. 몹시 흥분해서 고래고래 고함을 지르거나 날뛰는 사람에게, 또는 정말 심하게 흥분해서 입가에 침을 잔뜩 머금은 채 이리저리 날뛰거나 소리를 지르는 꼴불견을 보게 되면 사용하게 된다.

그러나 '개거품'이라는 말은 사전에 없는 말이다. 바른말은 '게거품'이다. 국어대사전을 빌려 보면 '게거품'은 '사람이나 동물이 몹시 괴롭거나 흥분했을 때 입에서 나오는 거품 같은 침' 또는 '게가 토하는 거품'을 뜻한다.

따라서 사람이 흥분한 모습을 그리거나, 정말 흥분해서 입에 침을 토해 내더라도 그것은 '개거품'일 수 없다. '게거품'이라고 해야 한다. '게거품'이 '개거품'으로 잘못 사용되는 것은 개도 흥분하면 입가에 침이 거품처럼 고이고, 흘러내리는 경우가 많고, '개'와 '게'가 발음이 비슷해 착각해 사용하는 듯하다.

'게거품'은 게가 사람의 손에 붙잡히거나 위협하는 적을 만나 긴장을 하게 되는 아주 특별한 상황에 처하게 되면 게의 입가 주변으로 보글보글 물이 끓듯이 하얗게 거품을 토해 낸다. 이 모습을 비유해 사람에게 '게거품을 물다'라는 표현을 쓰게 된 것이다. 아주 특별한 경우가 아니면 사람은 이렇게 거품을 토해 내기 어렵다.

우리말 우리글

개구쟁이, 개구장이

짓궂은 장난에 보물단지가 되기도 하고, 애물단지가 되기도 하는 미운 일곱 살 아들 녀석은 개구쟁이라 부를까. 개구장이라 부를까.

귀여운 내 피붙이, 끈끈한 정이 넘쳐나는 터라 바라만 봐도 좋은데, 쟁이나 장이나 뭐라 부르든 문제될 거 없지만 그래도 내 자식인데 바른말로 불러야 되지 않을까.

사랑스러운 우리 아이는 '개구장이'가 아니라 '개구쟁이'가 바른말이다. 장이와 쟁이는 의미와 발음이 비슷해 흔히 잘못 쓰는 우리말이다.

'쟁이'는 접미사로서 '그것이 나타내는 속성을 많이 가진 사람'을 뜻하거나 '그것과 관련된 일을 업으로 하는 사람을 낮잡아 이르는 말'이다.

멋쟁이, 난쟁이, 심술쟁이, 겁쟁이, 게으름쟁이, 꾀쟁이, 변덕쟁이, 요술쟁이, 관상쟁이, 그림쟁이 등으로 사용한다.

또 직종·물건 이름 등에 붙어 그것을 만들거나 그 직종에 종사하는 기술자임을 나타내는 말은 '장이'를 붙여 사용한다. 유기장이, 미장이, 옹기장이, 땜장이, 석수장이, 기와장이 등등이다.

수공업 형태의 기술자를 칭할 때 '장이'를 쓰고, 그 외에는 '쟁이'를 쓴다 생각하면 쉬울 듯하다.

우리말 우리글

건넛방, 건너방

'건넛방에 들어가면 내 윗옷이 걸려 있으니 빨리 가져오너라.'

건넛방(房)은 '건너편에 있는 방'을 뜻한다. 동서남북 어느 쪽에 있든 어느 한 쪽의 맞은편 쪽을 건너편이라 하고, 건너편에 있는 방을 '건넛방'이라 부르면 된다. 문을 마주하고 있는 방도 건넛방, 바로 앞 맞은편에 자리하고 있는 방도 건넛방이라 부른다.

간혹 건너에 있는 방이라고 '건너방'이라고 적기도 하지만 바른말이 아니다. 건너에 있는 방, '건넛방'이다.

'건넌방(房)'이 있다. '안방에서 대청을 건너 맞은편에 있는 방'을 뜻한다. 안방을 기준으로 대청을 사이에 둔 맞은편에 위치한 방이다.

과거 한옥이 많을 때와 달리 지금은 대개 아파트 생활이라 '건넌방'이라 부를 일이 별로 없다. 그렇지만 한옥에 살 기회가 거의 없는 현실에서 안방과 맞은편 방 사이에 대청마루가 없더라도 안방과 방문을 마주하는 방이라면 '건넌방'이라고 불러도 큰 무리가 없을 듯하다. 그러지 않으면 '건넌방'이라는 아름다운 우리말이 사라질 것 같다.

하지만 한옥 마을을 찾은 경우라면 분명히 '건넌방'이 있다. 이때는 '건넛방'이라고 두루뭉수리하게 말하기보다 어디에 있는 방을 가리키며 '건넌방'이라고 말할 수 있어야 한다.

건너편에 있는 집은 '건넛집'이며, 건너편에 있는 마을은 '건넛마을'이라고 한다.

우리말 우리글

건데기, 건더기

'나 밥 안 먹을래. 작은 형이 고깃국에 있는 건데기를 다 건져 먹어서 이제 국물만 남았단 말이야.'

굳이 내용물이 별것 없어도 맛나게 먹을 수 있는 국도 많이 있지만 건더기 없는 고깃국은 국물만 먹기에는 왠지 섭섭함을 떨칠 수가 없다. 더구나 누군가 다 건져 먹었다면 말이다.

위의 글에서 국물 이외의 내용물을 지칭하는 '건데기'는 '건더기'의 잘못이다. 많이들 '건데기'라는 표현을 쓰지만 '더'가 뒤에 따라오는 '기' 때문에 'ㅣ'모음 역행동화를 일으켜 '데'가 된 것이지만 이렇게 바뀐 '데'는 인정하지 않으므로 '더'라고 분명히 써야 한다. '덤터기'를 '덤테기'라고 잘못 사용하는 것도 같은 경우다.

'건더기'는 '국이나 찌개 따위의 국물이 있는 음식 속에 들어 있는 국물 이외의 것, 액체에 섞여 있는, 녹거나 풀리지 않은 덩어리'를 뜻한다.

이 밖에도 '거짓말 하려고 해도 뭐 말할 건더기가 있어야지.'처럼 내세울 만한 일의 내용이나 근거를 속되게 이르는 말로 쓰인다. 또 '내게 돌아오는 건더기도 없는데 무엇 때문에 돕겠습니까?'처럼 '노력을 들인 대가로 들어오는 것'을 속되게 이르는 말로도 사용된다.

우리말 우리글

결단, 결딴

"적이 몰려오고 있는데 아직도 방향을 잡지 못하고 작전 회의 중이니 요새가 결단이 나겠다." "보고를 받았으니 빨리 결딴을 내리겠죠."

'중요한 결정을 할 때' 또는 '무엇이 아주 망가져 버릴 때' 등에서 우리는 '결단' 또는 '결딴'을 사용한다. 그러나 소리를 낼 때 둘 다 '결딴'으로 읽다 보니 뜻이 서로 다른 둘을 혼동해 쓰고는 한다.

윗글은 '요새가 결딴이 나겠다.', '빨리 결단을 내리겠죠.'가 바른말이다.

결단(決斷)은 '결정적인 판단을 하거나 단정을 내림. 또는 그런 판단이나 단정'을 뜻한다. 따라서 '폭우로 물이 급격히 불어나 마을이 잠길 위기에 있는데 이장은 결단도 내리지 못하고 허둥지둥하고 있다.'로 쓰면 된다.

'결딴'은 '어떤 일이나 물건 따위가 아주 망가져서 도무지 손을 쓸 수 없게 된 상태, 살림이 망하여 거덜이 난 상태'를 뜻한다.

따라서 '오늘 산 장난감을 기분이 나쁘다고 창밖으로 던져 아주 결딴이 나버렸다.' '도박에 빠져 한 달 동안 카지노를 드나들더니 몇 대째 갑부로 살아온 김 사장 집이 결딴이 났다.'로 사용하면 된다.

어떤 사람은 '결딴' 대신 '절단'을 써 '무엇이 절단이 났다.'라는 표현을 쓰기도 하는데, '절단'은 '결딴'의 의미로 사용할 수 있는 말이 아니다.

우리말 우리글

결재, 결제

'결재를 했으니 이제 이 집은 제 것입니다.' '부장님 결제를 기다리는 중이니 조금만 기다려 주세요.'

위의 글은 결제와 결재를 바꾸어 사용했다. '결제를 했으니 이제…' '부장님 결재를 기다리는…'처럼 써야 바른말이다.

'결재(決裁)'는 권한이 있는 상관이 부하가 제출한 안건을 검토해 허가하거나 승인함을 말하며, '결제(決濟)'는 증권 또는 대금을 주고받아 매매 당사자 사이의 거래 관계를 끝맺는 일을 뜻한다.

그런데 물건 사고 카드로 결제하면서도 '결재'했다고 하고, 상사에게 결재를 받았으면서도 '결제' 받았다고 잘못 말한다.

쉽게 말해 '돈거래를 마무리 지으면 결제고, 상사 또는 회사 내부 허락을 받는 것이면 결재다.'

'현금 흐름이 좋지 않으니 이번 달 내로 결제를 해 주십시오.' '상무님(회사) 결재가 나는 내로 바로 공사를 진행하세요.'처럼 잘 구분해 써야 한다.

우리말
우리글

경신, 갱신

기록경기가 열릴 때마다 옛 기록은 새 기록에 자리를 내준다. 이때 많은 사람들이 기록이 '갱신됐다' 또는 '경신됐다'로 섞어 사용하곤 한다. 위의 글처럼 경기 기록을 바꿀 때 사용하는 바른말은 '경신(更新)'이다.

경신과 갱신은 둘 다 '이미 있던 것을 고쳐 새롭게 한다'의 의미를 가지고 있어 구분해 사용하기가 어렵다. 그래서 경신과 갱신은 크게 두 가지로 구분해 사용하고, 대부분은 함께 사용해도 문제가 없다.

'경신'은 기록경기 등에서 종전 기록을 깨뜨리거나 어떤 분야의 종전 최고치나 최저치를 깨뜨리는 경우에 사용한다. 위의 글처럼 경기 기록을 바꾸는 경우와 함께 '최대 전력 수요가 또 최고치(최저치)를 경신했다'처럼 사용하면 된다.

갱신(更新)만 사용하는 경우는 법률 용어로서, '법률관계의 존속 기간이 끝났을 때 그 기간을 연장하는 일'의 의미로 사용할 때이다. '운전면허증을 드디어 갱신했다, 비자 기한이 만료돼 빨리 갱신해야 한다.'처럼 사용하면 바른 사용이다.

이 외의 경우에는 경신과 갱신을 모두 사용해도 된다. '단체협약의 경신(갱신), 주거 환경의 경신(갱신)'처럼 혼용해 쓰면 된다.

우리말 우리글

곤혹을 치르다

공휴일 집에서 잘 쉬고 있는데 누군가 꼭 얼굴 한번 보자고 해서 술자리에 나갔다가 계산할 때가 되니 지갑을 두고 왔다는 말에 당황한 경험이 더러 있을 것 같다. 돈마저 넉넉히 준비되지 않았으면 주인장의 차가운 눈총 아래 술값 마련하느라 곤욕을 치러야 한다. 주위 사람 보기도 그렇고 여간 곤혹스러운 일이 아니다.

이처럼 곤란한 일을 맞거나 참기 힘든 어려운 일을 당하면 흔히 등장하는 단어가 '곤욕(困辱)' 또는 '곤혹(困惑)'이다. 곤욕과 곤혹은 '욕'과 '혹' 한 글자 차이로 비슷하게 보이지만 가려서 사용해야 한다.

많은 실수는 '곤욕'과 '곤혹'을 혼동해 '곤혹을 치르다' '곤욕스럽다'의 형태로 곤욕과 곤혹을 바꿔서 잘못 사용하는 경우다.

사전을 빌려 보자. 곤욕(困辱)은 '심한 모욕. 또는 참기 힘든 일'의 의미이다. 흔히 '곤욕을 당하다, 곤욕을 치르다, 곤욕을 겪다' 등의 형태로 사용된다.

곤혹(困惑)은 '곤란한 일을 당해 어찌할 바를 모름'의 뜻이다. '곤혹스럽다. 곤혹을 느끼다, 곤혹하다' 등으로 쓰인다.

사전 풀이만 보면 여전히 혼란스러울 수 있다. 잘 살펴야 할 것은 '곤욕'은 심한 모욕이나 참기 힘든 일 그 자체이고, '곤혹'은 어찌할 줄 모르는 마음의 상태 또는 감정을 나타내는 것으로 이해하면 구분해 쓸 수 있다.

곱빼기, 곱배기, 꼽배기, 꼽빼기

"사장님 자장면(짜장면) 꼽배기로 주세요." "나는 곱배기 안 먹어, 보통으로 먹을래." "그래 너는 꼽빼기 먹지 마라."

중국 음식점에 들러 음식을 주문할 때, 또는 음식점에서 몹시 시장해 평소보다 배나 많은 양을 주문해 먹고 싶을 때 '곱빼기'를 주문한다. 위의 예로 든 글은 모두 잘못 사용한 글이다. 소리가 나는 대로 여러 가지 형대로 쓰고 있지만 '곱빼기'기 바른말이나.

'곱빼기'는 '계속해 두 번 거듭하는 일, 또는 음식의 두 몫을 한 그릇에 담은 분량'을 뜻한다. 따라서 음식을 두 그릇 분량을 먹고 싶을 때나, 무언가 두 번 거듭할 때에는 반드시 '곱빼기'라고 해야 한다.

'그제에 이어 어제까지 야근을 곱빼기로 했는데 또다시 야근을 하라고 하면 어떻게 해.' '배고파요, 시원한 냉면 곱빼기로 주세요.'로 사용해야 한다.

이와 더불어 접미사로 사용되는 '~빼기'를 살펴보자. '~빼기'는 그런 특성이 있는 사람이나 물건을 뜻하거나 앞의 말을 속되게 비하해 이르는 경우에 사용된다. '밥빼기, 악착빼기, 얽죽빼기' '이마빼기, 코빼기' 등으로 사용된다.

'~배기'는 '그 나이를 먹은 아이, 무엇이 들어 있거나 차 있는 것, 특정한 곳이나 물건'의 뜻이 있다. '두 살배기 신발, 알배기 조기, 언덕배기' 등으로 쓰인다.

*자장면, 짜장면은 복수 표준어임.

우리말 우리글

과녁, 과녘

'ㄱ'이 받침으로 끝나는 말과 'ㅋ'이 받침으로 끝나는 말이 섞여 사용되다 보면 흔히 쓰는 말도 아리송한 경우가 있다. 위에서 제시된 단어는 '과녁'이 바른말이다.

'과녁'은 '활이나 총 따위를 쏠 때 표적으로 만들어 놓은 물건, 어떤 일의 목표물을 통틀어 이르는 말.'로 사용된다.

과거 활이나 창 등을 정확히 맞히는 연습을 하게 되는 경우 사용되는 목표물이 관혁(貫革)이었다. '관혁(貫革)'은 표적을 말하는 것으로, 그 어원은 천으로 만든 표적의 가장자리와 중앙에 사용자의 사회 계급에 따라 각각 다른 짐승의 가죽을 붙이고 이를 적중, 관통시켰던 고사(古事)에서 붙여진 명칭이라고 '체육학대사전'은 풀이하고 있다. 국립국어원의 표준국어대사전에도 단어 '관혁(貫革)'은 '과녁'의 원말이라고 적고 있다.

그런데 '과녁'이 '과녘'으로 흔히 잘못 사용되는 것은 '방향을 가리키는 말, 또는 어떤 때의 무렵'을 나타내는 의존명사 '녘' 때문이다. '동녘, 서녘, 남녘, 북녘'처럼 '녘'이 사용되다 보니 '과녁'마저 '과녘'인 것으로 착각하는 것으로 보인다.

물론 '녘'은 의존명사여서 기본적으로 앞의 말과 띄어 써야 한다. '동틀 녘, 해 뜰 녘, 해 질 녘'처럼 띄어 써야 한다.

그러나 '녘'은 많이 사용되면서 한 단어로 굳은 것이 많다. 동서남북의 '동녘, 서녘, 남녘, 북녘'은 대표적이며, '새벽녘, 저물녘, 저녁녘' 등도 모두 한 단어로 굳어져 사용되는 것이다. 많이 쓰이는데도 띄어 써야 하는 단어가 있는 등 '녘'이 붙은 단어는 조금 혼란스럽다.

과반수 이상

'오늘 반장을 뽑는 투표에서는 과반수 이상을 얻는 사람이 당선된다.' '찬성이 과반수를 초과해야 바닷가로 놀러갈 것이다.' '반대하는 표가 과반수를 넘어야 이 집을 떠나지 않고 살 수 있다.'

흔히들 사용하는 과반수의 표현이다. 과반수(過半數)는 한자말 그대로 풀어보면 '반이 넘는 수, 반수를 초과하는 수'이며, 사전에서도 같은 뜻으로 풀이된다. 그런데도 많은 사람들이 '과반수 이상, 과반수 넘어야' 등으로 표현하고 있다. 단어의 중복 사용이니 마땅히 피해야 옳다.

이러한 실수 빈발은 '과반수'를 단순히 '반'으로 착각해서 그런 것 같다. '반이 넘는 수'라는 의미이므로 '과반수 이상'이라고 하면 '반이 넘는 수'에 또 '이상'이 붙어 '반이 넘는 수 이상'이란 뜻으로 중복의 의미를 갖게 된다.

'과반수를 넘어야'도 마찬가지다. '반이 넘는 수 넘어야'가 되므로 이 또한 중복 표현이다. 의사 결정을 위해 반을 넘으면 된다는 의미이므로 '이상'이나 '넘어야' 등을 붙여 사용하면 안 된다.

위 예문을 바르게 쓰려면 '표를 과반수 얻으면 통과된다.'가 맞다. 또 다른 예문들도 '오늘 반장을 뽑는 투표에서는 과반수를 얻는 사람이 당선된다.' '과반수가 찬성해야 바닷가로 놀러갈 것이다.' '반대하는 표가 과반수가 돼야 이 집을 떠나지 않고 살 수 있다.'로 쓰면 된다.

우리말 우리글 궁시렁거리다, 구시렁거리다

'용돈 올려 달라는 것을 거절했더니 아들 녀석이 온종일 찡그린 채 거실을 돌아다니면서 궁시렁거려 할 수 없이 조금 올려 주겠다고 했더니 금세 표정이 밝게 바뀌었습니다.'

무엇인가 못마땅해 계속해 군소리를 늘어놓거나 듣기 싫게 불만을 계속 되뇔 경우에 우리는 '궁시렁거리다'라고 표현한다. 그러나 '궁시렁거리다라'는 말은 없다. 이 경우에는 '구시렁거리다'가 바른말이다.

사전을 빌려 보면 '잔소리를 자꾸 되씹어 하다, 못마땅하여 군소리를 듣기 싫도록 자꾸 하다'의 뜻을 지닌 말은 '구시렁거리다'이다. 작은 말은 '고시랑거리다'이므로 구시렁거리는 정도가 약하면 '고시랑거리다'라고 표현하면 적절하다.

'좀 늦게 들어왔다고 아내가 하루 종일 구시렁구시렁 불만을 늘어놓아 휴일 하루가 정말 피곤했습니다.'처럼 부사 '구시렁구시렁'을 사용해도 좋다. 한 단어이므로 붙여 써야 한다.

아주 오랜만에 자식에게 뭐 좀 사오라고 심부름 시켰더니 가지도 않은 채 입이 튀어나와 뭔가 불만을 쏟아낼 경우 '궁시렁거리지 마'라고 잘못된 표현을 하면 부모의 품위가 손상될 수 있다. 지청구를 날리더라도 '구시렁거리지 마'라고 바른말을 사용해 제대로 날려야 한다.

귤껍데기, 귤껍질

'껍데기'와 '껍질'의 의미를 살펴보자. '껍데기'는 '달걀이나 조개 따위의 겉을 싸고 있는 단단한 물질'을 뜻한다.

이와 달리 '껍질'은 '물체의 겉을 싸고 있는 단단하지 않은 물질'이다. 따라서 위 글은 '귤껍질'이 바른말이다. 그래서 '귤껍질, 사과 껍질, 양파 껍질, 복숭아 껍질, 오이 껍질' 등으로 사용한다.

'껍데기'는 '달걀 껍데기, 조개껍데기, 소라 껍데기, 굴 껍데기, 베개 껍데기, 이불 껍데기' 등으로 사용된다. 과자 포장지를 벗겨 낸 다음 알맹이를 먹고 나면, 남는 포장지는 '과자 껍데기'가 된다.

소주 안주로 '돼지껍데기'가 자주 등장한다. 그러나 돼지의 속살을 싸고 있는 부드러운 물질, 겉살은 사전의 의미를 빌려보면 '껍데기'가 아니라 '껍질'이 맞다. 그러나 돼지껍질을 분리해 두었다가 따로 파는 이 음식은 많은 사람들이 '돼지 껍데기'라고 하니 음식 이름으로만 기억하는 것이 좋을 것 같다.

'조개껍데기'는 잘 살펴봐야 한다. 위의 사전 풀이대로라면 딱딱한 껍데기이므로 조개껍데기가 바른말일 것이다. 그러나 표준국어대사전에서는 조개껍데기와 조개껍질 이 둘은 같은 말이라고 규정하고 있다.

혼용해 사용해도 무방하다는 것이니, 껍질과 껍데기의 사전적 의미를 익혀 사물에 적용해 사용하려니 혼란스럽다. 추가적인 규정이 정해질 때까지 일단은 사전의 의미를 잘 헤아려 사용하는 수밖에 없을 것 같다.

우리말 우리글 그리고 나서, 그러고 나서

"점심때까지 이 일을 모두 마치자. 그리고 나서 내가 좋은 곳에서 맛있는 점심 살게."

일상생활에서 흔히 잘못 사용하는 '그리고 나서'이다. 위 문장의 경우 '그러고 나서'로 써야 바른말이다.

'그러고 나서'는 '그리하다'의 준말 '그러다'에 '-고 나서'가 붙은 말이다. 위 예문은 '일을 모두 마치고 나서 좋은 곳에서 점심을 산다.'는 의미이므로, '그리고 나서'가 아니라 '그러고(그리하고) 나서'를 꼭 써야 한다.

'나서'는 보조동사 '나다'의 활용형으로서, 동사의 어미 '-고'의 다음에 쓰여, 앞말이 뜻하는 어떤 행동이나 상태가 끝났음을 나타낸다. '자고 나서 운동장으로 갔다. 어려움을 겪고 나서 성격이 변했다.' 등으로 활용된다.

위 예문의 '그리고'는 부사로서, 단어, 구, 절, 문장 따위를 나열하거나 연결할 때 쓰는 접속부사이다. 그러므로 동사 뒤에서 동사의 뜻을 더해주는 보조동사 '나서'가 부사 뒤에 와서 사용될 수는 없다. '나서' 앞에는 동사가 와야 하므로 '그리고 나서'는 쓸 수 없다.

'그리고 나서'가 바른말로 사용되는 경우는 '그림을 그리다' 또는 '고향이나 임을 그리다'의 의미로 '그리다'가 사용되는 경우이다. '그림을 그리고 나서 점심을 먹기 시작했다.' '임을 애타게 그리고 나서 고향을 떠나버렸다.'로 쓰인다.

우리말 우리글

그제서야, 그제야

"세 시간 동안 약속 장소에서 채무자를 기다리다가 포기하고 일어서니 그제서야 나타나 미안하다고 사과하더군요." "그제사 나타났으니 미안하다고 해서 될 일은 아닌 것 같습니다."

대화 도중 많이 사용하는 '그제서야'가 있다. 이는 그제의 방언으로서, 바른말은 '그제야'이다. '그제야'는 '그때에야 비로소'의 뜻이다. 그런데 대화체에서 보면 '서'를 끼워 넣어 '그제서야' 또는 '그제사'로 사용하는 경우가 많다.

부사 '그제야'는 그대로 사용해야지 다른 말을 붙여 사용하면 안 된다. '세 번을 찾아가니 그제야 돈을 빌려주겠다고 하더군요.' '비가 많이 와 논과 밭이 모두 물에 잠기고 나니 그제야 삽을 들고 나타나 부산하게 돌아다니더라고.' '사람은 건강을 잃게 되면 그제야 건강이 소중한 것을 알게 됩니다.' 등으로 사용하면 된다.

이와 비슷한 경우로 '이제서야'가 있다. 마찬가지로 '이제야'라고 해야 옳다. '이제야'는 '이제 겨우, 이제 비로소, 지금에 이르러서 겨우'의 뜻이다. '이제야 잘못을 인정하고, 엎드려 비는구나.' '이제야 당신이 무슨 짓을 했는지 아시겠습니까?'로 쓴다.

우리말 우리글

김치 소, 김치 속

어린 시절, 김치를 담그는 어머니 옆에 한참을 쭈그리고 앉아 연신 침을 삼키고 있으면 어머니가 살짝 숨이 죽은 배춧잎 한 쪽을 뚝 떼어 맛있게 양념을 묻혀 입에 넣어주셨다. 먹을거리(먹거리)가 부족할 때여서인지는 모르겠으나 그 맛은 정말 일품이었다.

어머니가 배춧잎에 묻혀 맛있게 만들어 주신 김치 재료는 '김치 소'일까, '김치 속'일까? 김치 소가 바른 말이다.

그러나 많은 사람들이 음식의 속에 넣는 재료(고명)라 생각해서인지 '속'이라고 붙여 부른다. 그래서 '만두 속, 송편 속'이라고 잘못 사용하는 것이다.

사전을 빌려 보면 '소'는 떡이나 만두 등 음식을 만들 때 익히기 전에 속에 넣는 고기, 두부, 팥 등을 말하거나 통김치, 오이소박이 등의 속에 넣는 각종 고명을 뜻한다.

그래서 김장을 담글 때 무, 마늘, 생강, 젓갈, 굴, 고춧가루 등을 넣어 숨죽은 배춧잎과 버무리기 위해 만드는 재료는 '김치 소'라고 한다. 오이소박이의 경우도 마찬가지로 '오이소박이 소'라고 해야 옳다. 만두를 빚을 때 만두의 속에 넣기 위해 섞어 놓은 당면 두부 부추 등의 재료는 '만두 소'라고 하며, 송편 속에 넣을 팥, 대추, 밤, 깨 등의 재료는 '송편 소'라고 한다. 음식 만들 때 속에 넣는다고 무조건 '속'이라 하지는 않는다. 순우리말 '소'가 있으니 반드시 가려서 사용해야 한다.

*먹을거리, 먹거리는 복수 표준어임.

우리말 우리글 김치를 담궈, 김치를 담가

'김치를 담궈 불우한 이웃에게 나누어 주다.' '김치를 담가 불우한 이웃에게 나누어 주다.'

'담그다'는 '액체 속에 넣다'와 '술 김치 젓갈 등을 만들 때 그 원료에 물을 부어 익도록 그릇에 넣다'를 뜻하는 말이다. '담그니, 담가'의 형태로 활용된다.

따라서 윗글은 '담가'를 사용한 예가 바른 표현이다. '담그나'를 '담구다'로 잘못 알고 있으면 첫 문장처럼 '담궈'라는 표현을 사용하게 되며, 어떤 물건을 그릇에 넣다 등으로 사용하는 의미의 '담다'를 '담그다'로 오해한 경우에는 '담아'로 잘못 쓰기도 한다.

'김치를 담아 불우한 이웃에게 나누어 주다.'가 그 예다. 일단 김치를 담근 뒤에야 그릇에 담아 나눠줄 수 있지 않은가. '김치를 그릇에 담아 가지고 갔다.'로 쓰면 '담아' 사용이 가능하다.

이 밖에도 '따뜻한 물에 몸을 담그다.' '따뜻한 물에 몸을 담그니 몸이 개운하다.' 등으로 활용하면 된다.

'무엇을 열지 못하게 자물쇠를 채우거나 물 가스 따위를 흘러나오지 않게 차단하고, 단추를 끼운다, 액체 속에 물체를 넣거나 가라앉게 하다.' 등의 뜻을 가진 '잠그다'도 '담그다'와 같은 형태로 사용한다. '잠그니' '잠가'로 활용된다. '외출 시에는 문을 잠궈야 안심이 된다.'가 아니라 '문을 잠가야 안심이 된다.'로 사용해야 바른 표현이다.

우리말 우리글

깐보다, 깔보다

'내가 돈이 없다고 깐봐서 그러는지 회원들이 연락도 안 해요, 나를 깐보는 거야? 왜 모른 척 외면하고 그래.'

나를 섭섭하게 대하거나, 나에 대한 태도가 갑자기 싸늘해지거나 하면 흔히 '깐보다'라는 표현을 쓰고는 한다. 그러나 여기서 사용하는 '깐보다'는 '깔보다'의 잘못된 사용이다. '깐보다'는 엄연히 다른 뜻이 있으므로 달리 사용해야 한다.

'깐보다'는 '어떤 형편이나 기회에 대하여 마음속으로 가늠하다. 또는 속을 떠보다.'의 뜻이다. 따라서 '얕잡아 보다'를 뜻하는 '깔보다'와는 구분해야 한다.

'깐보다'는 '저 사람이 제안하는 사업이 과연 가능성이 있는 것인지 아니면 사기인지 잘 깐본 다음 결정하시오.' '장난하는 건지 슬쩍 깐보더니 함께 사업하자고 제안했죠.'처럼 사용하면 된다.

'깔보다'는 흔히 쓰는 것처럼 '나를 깔보는 것도 아니고 부하 직원들 앞에서 어떻게 그런 말을 할 수 있습니까?'처럼 쓰면 된다.

더러 '깐보다' 대신 '간보다'라는 말을 사용하는 사람도 있다. 그러나 '간보다'라는 말은 사전에 없다. 음식이 싱거운지 어떤지를 알아보는 것은 '간을 보다'라고 해야 바른말이다. 그러므로 사람 속을 떠보는 등의 행동을 할 때는 '간보다'가 아니고, 반드시 '깐보다'가 바른말임을 기억해야 한다.

깡술, 강술

술자리에서 건강을 논하는 것이 조금은 어색하지만 빈속에 안주도 없이 술을 마시는 사람을 보면 우리는 흔히 "왜 깡술을 마시고 그래, 속 버려."라고 지청구를 던진다.

이때 사용하는 '깡술'은 안주 없이 마시는 술이라는 뜻으로 사용한다. 그러나 안주 없이 마시는 술은 '깡술'이 아니라 '강술'임을 명심하자. "왜 또 강술이야? 속 버리니 안주 좀 챙겨서 먹어 이 사람아."라고 써야 제대로 사용한 것이다.

여기서 '강'은 접두사로서, '그것으로만 이루어진, 다른 것이 섞이지 않은'의 뜻을 갖는다. 그래서 물이나 다른 것을 섞지 않은 살만 모은 굴을 '강굴'이라고 하고, 물에 개지 않은 된풀을 '강풀', 국이나 찬 없이 먹는 밥을 '강밥'이라 한다.

이 밖에 접두사 '강'은 '매우 세고 호된'을 나타내는 뜻으로 쓰여, '강추위, 강다짐, 강행군' 등으로 활용된다. 또 '억지스러운'의 뜻이 더해진 것도 있다. 억지로 우는 울음 '강울음'이 그렇다.

'마른, 물기가 없는'을 뜻하는 '강'이 붙은 '강기침'도 있다. 강기침은 마른기침을 의미한다. 가뭄에 호미나 꼬챙이 따위로 억지로 땅을 파 모를 심는 '강모'도 있다.

우리말 우리글 깨우치다, 깨치다

'가르쳐 주지도 않았는데 스스로 세 살에 한글을 깨우치고, 네 살에는 한문을 깨우치니 저 놈이 천재가 아니고 뭐겠습니까?'

이 정도면 대단한 능력이다. 그러나 이 녀석은 한글과 한문을 '깨우친' 것이 아니고 '깨친' 것이다. 흔히 일찍 한글이나 한문을 익혔거나 어떤 이치를 깨달으면 우리는 '깨우치다'를 사용한다. 그러나 '깨우치다'와 '깨치다'는 그 뜻이 확연히 다르므로 반드시 구분해 써야 한다.

'깨우치다'는 '깨달아 알게 하다, 사리를 깨닫게 하여 주다'가 그 뜻이다. 그러나 '깨치다'는 '일의 이치 따위를 깨달아 알다, 깨달아 사물의 이치를 알게 되다.'가 뜻이다.

즉 '깨우치다'는 남을 깨달아 알게 해줄 때 사용하는 것이며, '깨치다'는 스스로 깨달아 아는 것을 의미하는 것이다.

따라서 '깨우치다'는 '동생이 공부와는 담을 쌓고 사는 바람에 과외 선생님이 덧셈 뺄셈을 깨우쳐 주는 데만 1년이 걸렸습니다.' '망나니 아들에게 삶의 의미를 깨우치니 그때부터 아들 노릇을 하더라.'처럼 사용하면 된다.

또 '깨치다'는 '우리 회사 회계업무를 일주일 만에 다 깨치니 더 이상 가르칠 것이 없다.' '한 달 동안 방 안에 박혀 있더니 스스로 이차방정식의 원리를 깨치고 나타났습니다.' 등으로 쓴다.

우리말 우리글

꾸물꾸물한 날씨

흐린 날씨를 가리켜 흔히 '꾸물꾸물하다'라고 한다. 그러나 바른말이 아니다. '끄물끄물하다'가 바른말이다.

'끄물끄물하다'는 '날씨가 활짝 개지 않고 몹시 흐려지는 모양'과 '불빛 따위가 밝게 비치지 않고 몹시 침침해지는 모양' 두 가지 뜻을 가지고 있다. '그물그물하다'의 센 표현이다.

또한 '끄물거리다, 끄물대다'라고 써도 같은 표현이다.

'날씨가 끄물끄물한 걸 보니 비가 오려나 보다, 끄물거리는 하늘을 보더니 영수는 집으로 발걸음을 돌렸다, 하늘이 끄물끄물 어두워졌다'처럼 쓴다.

'꾸물꾸물하다'는 '매우 자꾸 느리게 움직이다, 굼뜨고 게으르게 행동하다'를 뜻한다. 그래서 행동이 굼뜬 사람이나 동물, 또는 그런 움직임을 향해 '꾸물거리다, 꾸물대다, 꾸물꾸물하다' 등으로 표현한다. '그렇게 꾸물꾸물하면 오늘 중 도착은 어렵겠다, 꾸물거리지 말고 빨리 뛰어라'처럼 사용하면 된다.

우리말 우리글 끝장, 끝짱

'더 이상 미루어서는 안 됩니다. 오늘 모임에서 끝짱을 봐야 합니다.'

일을 미루며 질질 끄는 것이 답답하고 고까우면 흔히 '끝짱을 보자'라고 결론을 재촉하게 된다. 그러나 이때 흔히 사용하는 '끝짱'은 바른말이 아니다. '끝장'은 소리 나는 대로 '끝짱'이라고 적는 경우가 많다. '끝장'이라고 써야 한다.

'끝장'은 '일이 더 나아갈 수 없는 막다른 상태'를 뜻하거나 '실패, 패망, 파탄 따위를 속되게 이르는 말'로 사용된다.

'진지하게 진행되던 토론회가 끝장에는 방청객의 야유와 연단 점거 등으로 파행을 겪었다, 시위에 참가한 군중은 끝장에 가서야 해산하기 시작했다, 오늘 실패하면 우리는 끝장이다.'처럼 사용한다.

관용어로 사용되는 '끝장(을) 보다'는 '끝장이 나게 하다'의 의미로, '끝장(을) 쥐다'는 '뒷일을 맡다' 의미로 각각 사용한다.

이와 비슷하게 소리 나는 대로 잘못 사용하는 것이 '족집게'다. '족찝께'로 읽어야 하니 흔히 '쪽찝게, 쪽찝께, 쪽집게, 족찝께' 등으로 잘못 쓴다.

우리말 우리글

끼어들다, 끼여들다

“제가 조용히 사거리를 지나고 있는데 저 차가 갑자기 끼여들어 사고가 난 것입니다.” “무슨 소리입니까, 당신이 먼저 끼여드는 바람에 사고가 난 건데.”

사고는 아차 하는 순간 나는 법이다. 조심하는 수가 사고를 줄이는 모든 수 중의 최고이다. 옆을 지나던 차가 갑자기 차 앞으로 들어서면 ‘끼여든’ 것이 아니라 ‘끼어든’ 것이다. 많은 사람들이 ‘끼여들다’로 잘못 사용하는 것을 볼 수 있다.

‘끼어들다’는 ‘자기 순서나 자리가 아닌 틈 사이를 비집고 들어서다, 여럿 가운데 들어가 끼다. 자기와 관계없는 일에 나서거나 참견하다. 좁은 틈 사이를 헤집고 들어가다.’의 뜻으로 사용된다.

그런데 이 ‘끼어들다’를 많은 사람들이 ‘끼여들다’로 사용하고 있는 것은 ‘끼어들다’가 말할 때 발음이 ‘끼여들다’도 되기 때문이다. 소리가 이렇게 나는 탓에 당연히 ‘끼여들다’로 잘못 사용하며, 오랫동안 굳어져 써 왔기 때문에 좀처럼 고쳐지지 않는 것이다.

‘오랫동안 줄을 서서 기다리고 있는데 저 사람이 갑자기 가운데로 끼어들어 다툼이 벌어졌습니다, 우리 일에 끼어들지 말라고 했는데 왜 이러세요?’처럼 사용하면 된다.

나랏님, 나라님

국가의 발전을 간절히 희망한다면 나랏님 뽑는 일에 정말 신중해야 합니다.'

대통령을 달리 표현할 때 흔히 우리는 '나랏님'이라고 한다. 나라의 주인인 임금을 표현하는 것이므로 요즘 대통령과 똑같은 의미로 사용하기에는 무리가 있다. 그러나 나라의 최고 지도자 대통령을 뜻하는 우리말로 흔히 쓰인다. 그러나 '나랏님'이 아니라 '나라님'이 바른말이다.

'님'은 의존명사로서, 사람의 성이나 이름 다음에 쓰여 그 사람을 높여 이르는 말. '씨'보다 높임의 뜻을 나타낼 때 쓴다. '홍길동 님'처럼 띄어 사용하면 이 경우이다.

또한 접미사로서, 직위나 신분을 나타내는 일부 명사 뒤에 붙어 '높임'의 뜻을 더하거나 사람이 아닌 일부 명사 뒤에 붙어 '그 대상을 인격화하여 높임'의 뜻을 더할 때 쓴다. 또 옛 성인이나 신격화된 인물의 이름 뒤에 붙어 그 대상을 높이고 존경의 뜻을 더하는 접미사로 사용된다.

'아드님, 따님, 과장님, 선배님, 달님, 해님, 별님, 하느님' 등이 모두 그러한 말이다. 이 중에 '해'를 가리켜 '햇님'이라고 하는 경우가 많은데, 이 또한 '해'에다 접미사 '님'이 붙은 말이므로 '햇님'이라고 하면 잘못된 말이다. 해님이다.

'사이시옷'을 붙이는 경우에는 '바닷가, 나뭇잎' 같은 '합성어'에는 붙일 수 있으나 '해님'처럼 '접미사'가 붙어 이루어진 '파생어'에는 '사이시옷'을 사용할 수 없다.

우리말 우리글

난이도가 있는 문제

'올해 시험은 난이도가 있는 문제가 출제됐습니다.'

해마다 수능 시험이 치러지고 나면 실패했느니, 성공했느니 하면서 나오는 평가다. 그러나 '문제가 좀 어렵다'는 의미를 전하고자 하면서 이를 '난이도가 있는 문제'라고 할 수는 없다. 이런 말을 사용해서는 안 된다.

'난이도(難易度)'는 '어려움과 쉬움의 정도'가 뜻이다. 어려운 정도와 쉬운 정도를 한꺼번에 이르는 말이나. 그런데 '난이도가 있는 문제'라고 한다. 즉 '어려움과 쉬움의 정도가 있는 문제'라니 어렵다는 건지, 쉽다는 건지 도대체 무슨 말인지 알 수가 없다. 이는 말이 되지 않는다.

'난이도가 높다.' '난이도가 낮다.' 등의 표현도 마찬가지다. '어려움과 쉬움의 정도가 높다.' '어려움과 쉬움의 정도가 낮다.'는 말이므로 '어려움과 쉬움의 정도'를 '높다' '낮다'라고 하면 아무런 의미도 전달할 수 없다.

시험 문제는 당연히 학생들의 수준이나 평가 방법 등을 고려해 출제를 한다. 이는 너무 어려운 문제를 많이 내도, 너무 쉬운 문제를 많이 내도 학생을 제대로 평가할 수 없는 등 문제가 뒤따르기 때문이다. 그래서 시험 문제는 어려움과 쉬운 정도, 즉 '난이도'를 적절히 조절해 출제하게 된다. '난이도'는 이런 의미로 사용돼야만 한다.

'올해는 실패했으니 내년에는 특별히 난이도 조절에 신경을 써야 합니다.' '이번 수능은 지난해와 비슷한 수준의 난이도를 반영했다고 합니다.' 처럼 사용하면 적절한 표현이다.

우리말 우리글 날으는 원더우먼

"네 여동생 달리기 대회에서 어찌나 잘 뛰던지 마치 날으는 원더우먼 같더라."

얼마나 빨리 달렸는지 모르겠지만 '나는 원더우먼'은 있어도 '날으는 원더우먼'은 없다. 역시 '날으는 슈퍼맨'도 없다.

여기서 사용된 '날다'는 '날고, 날면, 나니, 나오니, 납니다' 등으로 활용된다. 이처럼 어간이 활용되면서 따라오는 받침 'ㄴ, ㄹ, ㅂ'과 음절 '오, 시' 앞에서 'ㄹ'이 탈락하는 'ㄹ불규칙 용언'은 '거칠다, 녹슬다, 부풀다, 갈다, 놀다' 등 다양하다.

'갈다'는 '간, 가는, 가니, 가오니, 갑니다'가 되고, '거칠다'는 '거친, 거치니, 거치오니, 거칩니다' 등으로 활용된다. 따라서 위 'ㄹ'로 끝나는 동사의 어간 뒤에는 '으, 을'이 붙을 수 없음을 명심해야 한다.

오래전부터 노랫말 때문에 잘못된 말이 바른말처럼 사용돼 온 것이 참 많은데 이 'ㄹ불규칙용언'도 예외는 아니다. '거칠은 벌판으로 달려가자' '녹슬은 기찻길' '하늘 높이 날을 수 있어요' 등의 노랫말이 있지만 잘못된 것이다. '거친 벌판'과 '녹슨 기찻길' '날 수 있어요'로 고쳐 써야 한다.

이 밖에도 '낯설은 얼굴'은 '낯선 얼굴'이라고 해야 하며, '허물은 담장'은 '허문 담장', '땀에 절은 옷'은 '땀에 전 옷', '썰은 김치'는 '썬 김치', '헛살은 인생'은 '헛산 인생'이라고 해야 바른말이다.

우리말 우리글

남은 여생

죄를 지어 죗값을 치른 사람이거나 정년퇴임 후 좋은 계획을 세우거나 하면 흔히 '남은 여생, ~하겠다.'는 표현이 나온다. 그러나 이 말은 '역 앞'에다 '앞'을 다시 붙여 사용한 '역전(驛前) 앞'처럼 중복된 표현이므로 사용에 주의해야 한다.

'여생(餘生)'은 '남을여, 날생'으로서 앞으로 남은 인생, 남은 생애가 그 뜻이다. 그런데 앞에다 추가로 '남은'을 붙이니 '남은 남은 인생'이 되어버린 것이다. '남은 생' '남은 생애'로 쓰거나 '남은' 따위를 덧붙이지 않고 '여생'으로 홀로 써야 바른 표현이다.

대화 중 중복 표현은 주의를 하지 않으면 무심코 반복해 사용하게 되며, 문제의식을 잘 경험하지 못하는 탓에 생활 속에 너무 많이 사용되고 있어 아쉬움이 크다.

'절반을 넘는 수'라는 뜻을 지닌 '과반수(過半數)'에다가 '이상, 넘게' 등을 불필요하게 덧붙여 '과반수 이상'이라고 중복해 표현하는 것을 비롯, '따뜻한 정'을 나타내는 '온정(溫情)'에다 굳이 '따뜻한'을 덧붙여 '따뜻한 온정이 어떻다'고 표현하는 등 중복 표현이 심하다.

'고목(古木)'은 여러 해 자란 오래된 나무를 뜻한다. 그런데 굳이 나무를 덧붙여 '고목나무'라고 하니 이것도 중복 표현임에 틀림이 없다. 그러나 사전에는 '고목나무'는 '고목'과 같은 말이라 풀이하고 있으니 바른말이긴 하다. 하지만 표현을 자제해야 할 말인 것 또한 맞다.

우리말 우리글 낳았다, 나았다

'어제 하루 집에서 푹 쉬었더니 감기가 다 낳았다. 병원에 입원해서 수술을 받았더니 병이 씻은 듯이 다 낳았다.'

감기 등 병에서 완쾌된 사람들이 흔히 윗글처럼 '낳았다'라고 표현한다. 그러나 병을 완치해 몸이 정상이 되는 것은 '낳았다'가 아니라 '나았다'이다. 이 말은 인터넷에서 조사된 가장 많이 틀리는 말 10위 가운데 오르기도 했다.

의미가 분명히 다른 '낳다'와 '낫다'를 살펴보자. '낳다'는 '낳아, 낳으니, 낳는' 등으로 활용되며, '배 속의 아이, 새끼, 알을 몸 밖으로 내놓다, 어떤 결과를 이루거나 가져오다, 어떤 환경이나 상황의 영향으로 어떤 인물이 나타나도록 하다.'가 그 뜻이다.

그래서 '딸 다섯에 드디어 아들을 낳다, 열심히 공부해서 오늘 좋은 결과를 낳았다, 누구도 도울 이 없는 고립무원의 환경은 어떤 어려움도 홀로 헤쳐 나갈 수 있는 강한 그를 낳게 했다.'처럼 사용하면 된다.

'낫다'는 '나으니, 나아' 등으로 활용되며, '병이나 상처 따위가 고쳐져 본래대로 되다, ~보다 더 좋거나 앞서 있다.'가 뜻이다.

'의사 지시대로 했더니 일주일 만에 위장병이 모두 나았다, 누가 뭐라고 해도 돈 버는 기술은 너보다 김 사장이 낫다, 지금 다니는 회사보다 나은 대우를 해준다기에 고민 없이 회사를 옮겼습니다.' 등으로 쓴다.

우리말 우리글

내 거, 내 꺼

'내 꺼라고 말했는데도 자꾸 자기 꺼라고 우기고 있네요.'

위의 글은 '내 거' '자기 거'라고 써야 바른말이다. 흔히 '거' '것' 대신에 '꺼' 또는 '껏'을 사용하는 바람에 되레 '거, 것'이 잘못된 말이고, '꺼, 껏'이 바른말인 것처럼 착각하는 경우가 허다하다.

'것'의 구어체 형태인 '거'는 함께 사용되는 조사 등 경우에 따라 '거' 또는 '게'로 사용된다. 그러나 대부분 '꺼' 또는 '께'로 잘못 사용한다.

'우리 사이에 내 꺼, 네 꺼가 어디 있냐?'로 쓰지만 '내 거, 네 거가 어디 있냐?'가 바른말이다.

'너는 내 꺼다.' '이 차는 내 께 아니다.' 두 글도 각각 '너는 내 거다.' '이 차는 내 게 아니다.'로 써야 옳다. 당연히 '내 껏' '네 껏'도 '내 것' '네 것'으로 바르게 사용해야 한다.

'꺼'와 '께' 발음이 자연스럽고, '꺼'와 '께'로 쓰는 게 바르게 사용하는 것 같아도 발음도, 쓰는 것도 '거' '게'가 옳음을 명심하자.

또 '니 꺼'라는 표현을 많이 사용한다. '니 꺼'는 '네 거'의 잘못된 사용이다. 흔히 구어체에서 사용해 '니'가 바른말인 것으로 착각할 정도이지만 분명한 것은 '네'로 적어야 바른말이라는 것이다.

우리말 우리글

내딛은, 내디딘

새로운 조직이나 기구가 출발을 하게 되면 '첫발을 내딛다'는 표현을 사용한다. '시작하다, 또는 착수하다'의 의미를 가지고 있어 새로 무엇을 시작할 때 이 단어를 많이 활용한다.

그런데 '내디디다'의 준말 '내딛다'를 사용하는 데 있어 엄청나게 많은 분들이 '내딛다'의 활용을 잘못 하고 있어 문제다. 결론을 말하자면 위 글 '내딛은'은 '내디딘'의 잘못된 활용이다.

'내딛다'는 '내디디다'의 준말로서, '내딛'을 활용해 '내딛은, 내딛어' 등으로 사용해서는 안 된다. '내딛어'가 사용 가능한 것으로 알고 있으니 '내딛었다, 내딛으며' 등의 잘못된 단어가 심심찮게 등장한다. '내디딘, 내디뎌' 등으로 사용해야 하며, 더불어 '내디뎠다, 내디뎠으며'로 고쳐 써야 옳다.

여기에는 한글맞춤법상 작은 기준이 있다. '내딛다' 같은 준말은 뒤에 모음을 가져와 활용해서는 안 된다는 것이다. 뒤에 자음이 오는 것은 괜찮으나 모음은 허용되지 않는다.

'고, 다가, 며'처럼 뒤에 자음이 와 '내딛고, 내딛다가' 등은 가능하지만 '내딛어'처럼 모음은 올 수 없다.

'서투르다'의 준말 '서툴다'도 마찬가지다. '서툴고, 서툴며'는 가능하지만 '서툴은, 서툴으며' 등으로는 사용할 수 없다. '서툰, 서투른'으로 고쳐서 사용해야 한다.

우리말 우리글

너머, 넘어

'너머'는 '높이나 경계로 가로막은 사물의 저쪽, 또는 그 공간'을 뜻한다. 집이나 산 등의 높은 것의 저쪽을 뜻하는 명사로서, 특정한 공간이나 위치 등을 의미한다.

'언덕 너머 붉은 지붕의 별장, 산 너머 전원마을이 참 아름답다, 계족산 산성 너머 봉황정 가는 길' 등으로 사용한다. 따라서 '언덕 너머 흰 집이 보이나?'가 바른말이나.

'넘어'는 높은 부분의 위를 지나거나 경계를 건너 지나가다는 뜻의 동사 '넘다'에 어가 붙은 것이다. '너머'와 달리 동작의 의미가 있어야 한다.

'산을 넘어가다, 언덕을 넘어가다. 국경을 넘어 탈주하다.' 등의 예로 사용하면 된다.

또 '넘다'는 시간이나 시기, 범위나 수량을 초월하거나 때가 지남 등의 의미도 지니고 있으므로 '목표 금액을 넘는 돈이 모여 돈을 돌려주었다, 60을 넘어 보인다. 어려운 고비를 넘다' 등으로도 사용된다.

계속해 어려운 상황에 처하는 경우에 흔히 '산 넘어 산'이라고 말한다. 이 경우에도 '산 너머 산'인지 '산 넘어 산'인지 혼란스러울 때가 있다. 관용구로 사용되므로 '산 넘어 산'으로 외워두면 좋다.

우리말 우리글

넌저리가 나다

'매일 김치만 먹다 보니 김치찌개만 봐도 넌저리가 난다.'

궁색한 살림에 매일 먹어야 하는 음식이라면 질리게 마련이다. 이때 흔히 사용하는 '넌저리'는 바른말이 아니다. '넌더리'라고 써야 옳다.

'넌더리'는 '지긋지긋하게 몹시 싫은 생각'을 뜻한다. '넌더리 나다, 넌더리 치다, 넌더리 내다' 등으로 사용된다.

'매일 찾아와 행패를 부리니 그를 쳐다만 봐도 넌더리가 난다, 월세 낼 돈도 없어 한 달도 넘기지 못하고 이곳저곳으로 이사를 다니며 산 젊은 시절의 가난이 넌더리가 났다'처럼 사용하면 된다.

'넌덜머리 난다, 넌절머리 난다'라고도 한다. 그러나 '넌덜머리'는 '넌더리'의 속된 표현이니 자제해야 하고, '넌절머리'는 없는 말이므로 쓰면 안 된다.

그런데 '넌더리'가 '넌저리'로 잘못 사용돼 온 것은 '진저리' 때문으로 보인다. '진저리'는 '차가운 것이 몸에 닿거나 무서움을 느낄 때에, 또는 오줌을 눈 뒤에 으스스 떠는 몸짓'과 '몹시 싫증이 나거나 귀찮아 떨쳐지는 몸짓'이 그 뜻이다. 그래서 '김치찌개만 봐도 진저리가 난다'처럼 '넌더리'를 대신해 써도 된다.

우리말 우리글

넓적한, 넙적한 얼굴

"얼굴도 넓적한 사람이 안경을 저렇게 큰 것을 쓰고 다니니 멀리서 대충 봐도 누군지 한눈에 알 수 있습니다."

얼굴이 큰 것을 단점이라 여기는 사람은 안경, 모자 등을 고를 때 얼굴 크기를 감안해 착용할 물건을 고르게 된다. 이때 사람들은 '넓적하다, 넙적하다' 등의 단어를 사용하게 된다. 그러나 이때 사용하는 바른말은 '넓적하다'이다.

형용사 '넓적하다'는 '펀펀하고 얇으면서 꽤 넓다' '평평하게 넓다'의 뜻이다. 따라서 '주방에서 쓰는 칼이 넓적하고 커서 닭도 한 번에 두 동강을 만들어 버립니다.' '넓적한 손에 얼굴을 한 대 맞았더니 온 얼굴이 빨갛게 변해 버렸다.' 등으로 사용하면 된다.

'꽤 너르다'를 뜻하는 '널찍하다'도 비슷한 경우에 사용된다. '널찍한 운동장, 널찍한 안방' 등으로 사용한다.

'넙적하다'는 '말대답을 하거나 무엇을 받아먹을 때 입을 닁큼 벌렸다가 닫다. 몸을 바닥에 바싹 대고 닁큼 엎드리다. 망설이거나 서슴지 않고 선뜻 행동하다.'의 뜻이다. '과자를 건네주자 개처럼 입으로 넙적 받아먹었다.'처럼 쓰면 된다.

이처럼 '넓적하다'는 읽을 때만 '넙쩌카다'이지 '넙적하다'와는 전혀 무관한 말임을 명심해야 한다. '널적하다'는 사전에도 없는 말이니 당연히 사용해서는 안 된다.

우리말 우리글

네댓 개, 너댓 개

한 개 또는 두 개, 두 개 또는 세 개를 어떻게든 제대로 표현하려면 당연히 말이 길어질 수밖에 없다. 그래서 이처럼 두 가지 수량을 어림잡아 표현하는 한 단어가 많이 있다. 그러다 보니 대화 중 많이 사용하게 되지만 잘못 사용하는 경우 또한 많다.

위 예문은 '네댓'이 바른말이고, '너댓'은 사전에 없는 말이다.

어림잡아 말하는 수는 다음과 같다. 하나 또는 둘쯤은 '한두', 둘이나 셋쯤은 '두세', 셋이나 넷쯤은 '서너'라고 한다. 또 넷이나 다섯쯤을 '네다섯, 너덧, 네댓, 너더댓'이라고 하며, 다섯이나 여섯쯤을 '대여섯', 여섯이나 일곱쯤을 '예닐곱', 일곱이나 여덟쯤을 '일고여덟, 일여덟', 여덟이나 아홉쯤을 '여덟아홉'이라 한다.

우리가 사용하는 이 말들은 어림잡을 때 사용하는 것이어서 서로 숫자가 명확해야 성사가 되고, 훗날 문제가 발생하지 않는 쌍방의 상업적 거래나 계약에서는 잘 사용되지 않는다. 그러나 생활 속에서 어림잡는 표현들이 많으므로 잘 새겨 두면 좋을 듯하다.

놀래켰다고?

'대북 전단'을 향한 북한의 총격이 휴전선 인근 지역민을 놀래켰다.'

갑자기 날아든 총탄에 많은 사람이 놀랐을 것이다. 그러나 놀라게 하는 것은 방언 '놀래키다' 대신 '놀래다'를 써야 바람직하다. 따라서 위 글은 '…휴전선 인근 지역민을 놀랬다, 지역민을 놀래 주었다'이다.

지역민이 주어가 되면 '인근 지역민이 북한의 총격에 놀랐다.'처럼 쓰면 된다.

'놀래다'의 의미는 다음과 같다. 뜻밖의 일을 해 남을 무섭게 하거나 가슴을 두근거리게 하다, 뛰어나거나 신기한 것을 보고 매우 감동하게 하다, 어처구니가 없게 하거나 기가 막히게 하다, (신체 부위를 나타내는 말과 함께 쓰여) 평소와 다르게 심한 반응을 보이게 하다'를 뜻한다. 그리고 '놀라다'의 사동사로 사용된다.

'놀래키다'는 '놀래다'의 충청 지역 방언이라고 사전은 풀이하고 있다. 충청 이외 다른 지역에서도 '놀래키다'를 더러 사용하고 있다. 방언인 '놀래키다'가 더 많이 사용되고 있는 것은 '놀래다'를 쓰면 왠지 낯설고, '놀래키다'가 의미를 더 제대로 전달하는 것이라고 판단한 때문으로 풀이된다.

다시 한번 정리하면 '놀래키다, 놀래켜 주다'라는 잘못된 말을 사용하는 대신 '놀래다, 놀래 주다'를 쓰면 표준어를 사용한 것이다. 그래도 '놀래다'를 쓰는 것이 어색하면 '놀래 주다, 놀래 주었다'를 사용하면 좋을 듯하다.

누룽지, 눌은밥

'아주머니 배가 많이 고프네요. 긁어 놓은 눌은밥 좀 주세요.' '누룽지 한 그릇 줄 테니 시장기나 덜고 가시구려.'

요즘은 일부러 누룽지를 만들어 먹거나 사 먹기도 하지만 예전에는 밥을 해 먹으면 으레 나오는 것이 누룽지라 누룽지가 흔했다. 그러나 밥을 하면 부산물로 나오는 '누룽지'나 누룽지를 먹기 좋게 만든 '눌은밥'은 윗글처럼 여러 가지 형태로 잘못 쓰이거나 섞어 잘못 사용하는 경우가 많다.

우선 밥을 하면 노릇노릇 먹기 좋게 눌어붙는 것이 '누룽지'이다. 솥이나 냄비 바닥에 눌어붙은 밥이나 긁어 둔 것을 누룽지라 말하면 바른말이다.

또 밥맛이 없거나 고기 등을 미리 많이 먹어 딱히 밥을 먹자니 배가 너무 많이 부를 것 같을 때에는 밥 대신 먹는 '눌은밥'이 있다. '눌은밥'은 솥이나 냄비 바닥에 눌어붙은 밥에 물을 부어 불려서 긁은 밥을 말한다.

따라서 식당 주인에게 바싹바싹한 누룽지가 먹고 싶다면 '누룽지 주세요.'라고 해야 하며, 밥 대신 한 그릇 먹고 싶다면 '눌은밥 주세요.'라고 해야 원하는 것을 제대로 가져온다.

'눌은밥'은 '누른밥, 누룬밥, 누룽밥' 등 여러 형태로 잘못 사용하기도 한다. '누룽지'가 시작인지라 이런 말들이 쓰이는 듯하다. 하여튼 '누룽지'와 '눌은밥'은 원천은 같으나 종류가 조금 다른 음식이므로 말뜻이 통하더라도 구분해 써야 한다.

우리말 우리글

늘상, 노상

"김 사장은 노래방에만 가면 늘상 나갈 때까지 마이크를 손에 잡고 놓을 줄 몰라 함께 노래방에 가려고 하는 사람이 없습니다. 이 사장님은 못 느꼈습니까?" "글쎄요. 저랑 노래방 가면 노상 한 곡씩 교대로 불러서 좋았는데요."

질문을 건넨 사람과 답한 사람이 사용한 '늘상'과 '노상' 가운데 바른말은 '늘상'이 아니라 '노상'이다.

'늘상'은 '늘' 또는 '노상'이라고 써야 옳다. '노상'은 부사로서, '언제나 변함없이 한 모양으로 줄곧, 언제나, 늘, 변함없이'의 뜻이다. 역시 부사인 '늘'은 '언제나, 항상, 계속하여 언제나'의 뜻으로서, 두 말은 유사한 뜻으로 주로 함께 사용된다.

그러나 '늘상'은 오랫동안 잘못 사용돼 '노상'이 잘못됐고, '늘상'이 바른 말처럼 느껴진다. 하지만 '늘상'은 '늘'과 '노상'이 합쳐져 잘못 사용된 것인지, '항상'이라는 말이 있어 '늘'과 더해서 '늘상'이라고 사용한 것은 아닌지 추정될 뿐이다. 바른말이 아니므로 머릿속에서 털어버리자.

'밥만 먹으면 노상 공부는 하지 않고, 놀이터로 달려가니 걱정이다.' '저 친구는 술만 먹으면 노상 지나는 사람에게 시비 걸고 싸움을 벌인다.' 등이 적당한 예다.

우리말 우리글

늘은 것 같다고요?

살을 빼기 위해 열심히 운동을 하는 중인데, 주변 사람이 '몸무게가 늘은 것 같다'고 하면 놀랄 일이다. 그러나 위 글은 '체중이 는 것 같다고요?'라고 물어야 한다. 당연히 '늘은 것 같다'라고 말을 건네도 안 된다. '늘은' 대신 '는'을 사용해야 한다.

'늘다'는 '느니, 는, 늡니다, 느시다, 느오' 등으로 활용된다. '늘다'의 어간 뒤에 붙는 어미는 '–ㄴ'이며, 이때 '는'과 같은 형태로 활용된다. 따라서 '운동을 해도 몸무게가 는 것을 보니 답답하다'처럼 활용해야 바른 표현이다.

한글맞춤법 제4장 18항에 따르면 '다음과 같은 용언(갈다, 놀다, 불다, 둥글다, 어질다)들은 어미가 바뀔 경우 그 어간이나 어미가 원칙에 벗어나면 벗어나는 대로 적는다.'고 규정하고 있다.

어간 끝 받침 'ㄹ'이 어미의 첫소리 'ㄴ, ㅂ, ㅅ' 및 '–(으)오, –(으)ㄹ' 앞에서 줄어드는 경우, 준 대로 적는다.

그래서 '갈다'는 '가니, 간, 갑니다, 가시다, 가오'로 활용되고, '놀다'는 '노니, 논, 놉니다. 노시다, 노오'로, '불다'는 '부니, 분, 붑니다, 부시다, 부오'로 활용되는 것이다.

그러나 많은 사람들이 '불은', '줄은' '갈은'처럼 'ㄹ'이 탈락되지 않고, 뒤에 '은'을 갖다 붙여 사용한다. '물이 분 것 같습니다.'라고 써야 할 것을 '물이 불은 것 같습니다.'로 쓰고, '몸무게가 준 것 같아요.'를 '몸무게가 줄은 것 같아요.'로 잘못 사용하고 있다.

늘이다, 늘리다

'이웃집 박 서방은 재산을 (늘려서, 늘여서) 부자가 됐고, 철수는 고무줄을 두 배로 (늘려서, 늘여서) 길이를 뽐냈고, 아이들이 엿가락을 (늘려, 늘여) 길이 자랑에 한창이다.'

맞는 말을 고르려면 은근히 혼란스러운 것이 '늘이다'와 '늘리다'이다.

'늘이다'는 '본래보다 길게 하다'와 '아래로 길게 처지게 하다'의 뜻으로 사용된다. 따라서 고무줄을 본래보다 길게 당겼으니 고무줄은 두 배로 '늘여서'가, 엿가락도 길어 보이게 자랑하려고 짧은 것을 길게 잡아당겨 만든 것이니 마찬가지로 엿가락을 '늘여'가 바른말이다. 이와 함께 '발을 아래로 늘이다'처럼 사용하기도 한다.

늘리다는 '늘다'의 사동형으로 '늘게 하다'의 뜻으로 쓰면 된다. '재산, 살림, 시간, 학생 수, 세력, 씀씀이' 등은 모두 '늘리다'를 사용해야 한다.

따라서 박 서방은 재산을 늘려서 부자가 된 것이다. 길이와 관련된 것은 '늘이다'를, 수나 양 등에는 '늘리다'를 사용하는 것으로 구분해 보면 된다.

우리말 우리글 늴리리, 늴리리

'닐리리야 닐리리, 닐리리…' 오래된 노래 가사에도 소개됐으며, 생활 속에서도 좋은 일이 생겨 아주 기분이 좋거나 흥이 오르면 많이 사용하는 말이다. 그러나 이 말은 '닐리리'가 아니라 '늴리리'이다.

'늴리리'는 부사로서, '퉁소, 나발, 피리 따위 관악기의 소리를 흉내 낸 소리'이다. 과거 노랫말에도 나온 적이 있어서인지, 흔히 기분이 좋거나 흥이 오르면 던지는 소리며, 그런 사람의 분위기나 행동에 빗대어 하는 말이기도 하다. 문제는 '닐리리'로 잘못 알고 있다는 것이다.

이것은 한글맞춤법 제9항 '의'나, 자음을 첫소리로 가지고 있는 음절의 'ㅢ'는 'ㅣ'로 소리 나는 경우가 있더라도 'ㅢ'로 적는다.'에 따른 것이다.

이와 비슷한 것이 '하늬바람'이다. 주로 농촌이나 어촌에서 이르는 말로서, '서쪽에서 부는 바람'이라는 뜻이다. 대개가 '하니바람'이라고 잘못 사용하고 있다. '하늬바람'은 '하늬'라고도 하며, '갈'이라고도 한다.

'밤이나 도토리 따위의 속껍질'을 뜻하는 '보늬'와 '미뭇기리지 않고 단번에 빨리'를 뜻하는 부사 '늿큼'도 같은 경우에 속한다.

우리말 우리글

다구요, 다고요

'내포 신도시가 전국 최고의 도시로 성장한다구요?' '맞구요, 맞습니다. 저도 그렇게 생각하구 여기로 이사 왔습니다.'

흔히 사용하는 말이라 자연스럽게 보이지만 바른말이 아니다. '성장한다고요?'와 '맞고요, 생각하고'가 바른말이다.

'~구요'는 '~고요'의 잘못된 말이다. '고'는 '물음, 부정(否定), 빈정거림, 항의 따위'의 뜻을 나타내는 종결어미로서, 앞에 있는 상대편의 어떤 말에 대한 대꾸의 성격을 띤다. 여기에 듣는 이에게 존대의 뜻을 나타내는 보조사 '요'가 붙어서 '고요'가 된 것이다.

그러나 '~고요'가 '~구요'로 오랫동안 잘못 사용되는 바람에 오히려 '~고요'가 어색하게 들리기도 한다. '있구요, 있다구요, 맞구요, 맞다구요, 했구요, 했다구요, 지냈구요, 지냈다구요, 달렸구요, 달렸다구요, 오라구, 오라구요' 등등 우리 대화 속에 너무 많이 사용돼 걱정이다.

심지어 방송에서 사용하지 않을 것 같은 아나운서나 사회자조차 더러 잘못 사용하고, 신문 매체에도 사용된다. '~고'와 '~고요'만 존재할 뿐 '~구'와 '~구요'는 바른말이 아니므로 이번 기회에 싹 잊어버려야 한다.

우리말 우리글

단언컨데, 단언컨대

질문에 답을 할 때나, 나의 의견을 주장할 때 서둘러 '이것이다'며 단언하는 것보다는 숙고해 발언을 해야 뒤탈이 없다. 천천히 생각해 보면 위 예문은 '단언컨대'가 바른말이라는 것을 알 수 있다.

'단언컨대'는 '단언하다'에 일부 동사의 어간 뒤에 붙어 뒤 절의 내용이 말하는 이가 보거나 듣거나 바라거나 생각하는 따위의 내용임을 미리 밝히는 연결어미 '건대'가 붙어 '단언하건대'가 된 것이다. '단언하건대'의 준말이 '단언컨대'이다.

'건대'는 '내가 보건대 이것은 잘못 된 것이다, 바라건대 이렇게 살지 마시오.'처럼 쓰인다. '컨대', '컨데'라는 접미사는 없음을 기억하자.

성격은 다르지만 단언컨대와 더불어 흔히 잘못 사용되는 것이 '생각하건대'의 준말 '생각건대'이다. 대개가 '생각컨대'로 잘못 쓴다.

우리말 우리글 단추를 꿰매 입다

'옷에 단추가 떨어졌네요. 단추를 꿰매 입고 올 테니 잠깐 기다리세요.'

단추가 없는 빈자리는 제법 커 보이는 법이다. 그러나 아무리 보기가 싫어도 단추를 꿰매 입을 수는 없는 법이다.

'꿰매다'는 '옷 따위의 해지거나 뚫어진 데를 바늘로 깁거나 얽어매다, 어지럽게 벌어진 일을 매만져 탈이 없게 하다.'의 뜻으로 사용된다.

'그는 십 년 동안 입어 팔꿈치가 해진 옷도 버리지 않고 꿰매 입는 검소함을 잊지 않았습니다, 양말을 꿰매 신는다, 다른 사람의 실수로 다 망쳐 놓은 일도 잘 수습해 꿰매는 것은 그의 탁월한 능력이다, 틀어진 일을 꿰매려다가 발생한 일이니 이해를 해야 합니다.'처럼 쓴다.

따라서 해지거나 뚫린 옷의 처리와는 무관한 작업, 즉 옷에다 단추를 달아 입는 것에 '꿰매다'라는 단어를 쓸 수는 없는 법이다.

윗글은 '단추를 달아 입고 올 테니 잠깐 기다리세요.'라고 해야 맞다. '꼬매다'라는 말을 쓰기도 하지만 '강원, 경기, 경상, 충북' 지역에서 더러 사용되는 사투리다. '꿰메다'는 물론 '꿰매다'를 잘못 사용한 것이다.

우리말 우리글 달디달다, 다디달다

'아들이 달디단 사탕을 열 개나 먹었습니다. 단것을 너무 많이 먹어 걱정입니다.'

'아주 많이 달다'를 강조하기 위한 것이다. 그러나 '다디달다'는 있어도 '달디달다'라는 말은 없으므로 '다디단 사탕을…'이 바른말이다.

'다디달다'는 형용사로서, '매우 달다, 베푸는 정 따위가 매우 두텁다.'가 그 뜻이다. '다디달아, 다디다니, 다디다오' 등으로 활용해 사용된다. '음식이 다디달아 도저히 먹을 수가 없다.' '학생들에 대한 선생님의 마음 씀씀이가 다디다니 제자들이 평생 잊지 못한다.'처럼 사용하면 된다.

흔히 '달디달다'로 잘못 사용하는 것은 '달다'라는 단어 때문이다. 하지만 'ㄹ'이 탈락되어 많이 사용되면서 굳어졌고, 결국 변화를 맞은 것이다.

'아주 가늘고 작다, 성질이 아주 좀스럽다.'를 의미하는 '자디잘다'도 '다디달다'와 같은 경우다.

'디'를 살펴보자. '디'는 일부 용언의 어간 뒤에 붙어서 '(주로 '-니-은' 구성으로 쓰여) 용언의 어간을 반복하여 그 뜻을 강조하는 연결어미'이다. '다디달다, 자디잘다'같이 'ㄹ'이 탈락되는 경우와 달리 일반적인 경우에는 그냥 '디'를 덧붙여 활용하면 된다.

맑디맑다, 곱디곱다, 쓰디쓰다, 맑디맑은 시냇물, 곱디고운 막내딸, 쓰디쓴 보약 등으로 사용하면 그만이다.

우리말 우리글 대단원의 막을 올리다

대규모 행사 또는 큰 의미를 부여하고 싶은 행사 등을 언급할 때 '대단원(大團圓)'을 사용해 '대단원의 막이 올랐다, 대단원의 막을 올렸다'처럼 사용하는 경우가 더러 있다.

'대단원'까지 붙이고 나니 거창하고, 큰 의미를 지닌 행사로 들리지만 잘못 사용한 말이다. '대단원'은 막을 올릴 때가 아니라 막을 내릴 때에만 써야 한다.

'대단원'을 살펴보자. '대단원'은 '어떤 일의 맨 마지막, 맨 끝' 또는 '연극이나 소설 따위에서, 모든 사건을 해결하고 끝을 내는 마지막 장면'을 뜻한다.

그런데 일의 시작, 출발을 의미하는 '막이 오르다 또는 막을 올리다'와 함께 '대단원'을 사용한다면 전혀 어울리지 않는 말을 억지로 갖다 붙인 것에 불과하다.

축제나 행사가 끝이 나는 마지막 순간을 언급하며 '대단원의 막을 내린다'처럼 써야 옳다. 대개 '대단원'의 의미를 잘 모르다 보니 이와 같은 실수가 나타나는 것이다.

그래서 '주인공이 생을 마감함으로써 연극은 대단원의 막을 내렸다, 불꽃놀이가 화려했던 백제문화제의 대단원을 장식했다, 영원할 것 같았던 무소불위의 권력이 드디어 오늘 대단원을 맞게 됐다.'처럼 사용하면 된다.

우리말 우리글

댑다, 딥다

'댑다 고생만 시키고 빈손으로 돌려보낼 수는 없습니다.'

무척 심하고, 격하게 무엇을 했거나 하면 흔히 '댑다, 댑따, 뎁다, 뎁따' 등을 사용하는데 모두 잘못 사용하는 것이다. 위 글은 '딥다'가 바른말이다.

'딥다'는 '들입다'의 준말이다. '세차게 마구'를 뜻하는 말이다. 그래서 '삼 일을 굶었다는 것을 증명이라도 하려는 듯 밥을 입에 들입다 집어넣으니 밥그릇이 비는 데 일 분이 채 걸리지 않았다.' '어머니를 잃은 슬픔에 한동안 눈물이 들입다 흘러내렸다.' '그 분위기 속에서도 결국 웃음을 참지 못하고 딥다 웃기 시작했다.'처럼 사용하면 된다.

'딥다'와 비슷하게 발음이 나는 '댑다'의 잘못된 사용과 더불어 역시 바른말이 아닌 '딜입다'를 쓰기도 한다. 이러한 잘못은 물론 '들입다'의 영향 때문으로 분석된다.

하지만 잘못 사용하는 또 다른 이유가 있다. 평안도 지역에서 사용되는 '들입다'의 방언 '디립다'가 있다. 그래서 발음이 비슷한 '딜입다'가 잘못 사용된 것으로 보인다. 기억해 두자.

'들입다' 대신 같은 말 '들이'를 쓰기도 한다. '아무리 좋은 물건도 그렇게 들이 흔들어 대면 금세 고장이 나는 것이야.'처럼 쓰면 된다.

우리말 우리글

덩쿨, 덩굴

여름철 산속에는 칡을 포함해 이곳저곳으로 무성하게 줄기를 뻗어 나가는 식물을 볼 수 있다. 그 줄기를 우리는 '덩쿨, 덩굴, 넝쿨, 넝굴' 등으로 부른다. 그러나 '덩쿨'이나 '넝굴'은 바른말이 아니다. '덩굴, 넝쿨'이 바른말이다.

'덩굴, 넝쿨'은 '길게 뻗어 나가면서 다른 물건을 감기도 하고 땅바닥에 퍼지기도 하는 식물의 줄기'를 뜻한다. 나무를 감아 오르기도 하고, 무성하게 줄기를 뻗어 나가는 칡, 포도, 담쟁이, 딸기 등의 식물을 가리킬 때 사용하면 된다.

'칡이 덩굴을 뻗어 온 산이 덩굴 천지이다.' '포도 덩굴이 대문 위로 기어올랐다.' '제초 작업을 게을리 했음에도 잡초의 기세에 눌리지 않고 고구마 넝쿨이 잘 자라 주었다.'처럼 사용하면 된다.

'덩굴'이 '덩쿨'로 많이 불리는 것은 '넝쿨'이 있어 '덩쿨'로 착각하거나, 말하기 편해서 '덩굴'의 '굴'이 거센소리 '쿨'로 잘못 사용된 것으로 추정된다.

비슷한 말로는 '넌출'이 있다. 사전에는 '길게 뻗어 나가 늘어진 식물의 줄기. 등의 줄기, 다래의 줄기, 칡의 줄기 따위이다.'라고 풀이한다. 식물의 줄기인 점에서는 '덩굴이나 넝쿨'과 비슷한 의미이다. 그러나 사전의 의미를 자세히 들여다보면 식물이 뻗어 나가는 과정에서 아래로 늘어져 있는 상태의 덩굴에 붙여 쓰면 어울릴 듯하다.

우리말 우리글 덮이다, 덮히다

'밤사이 폭설이 쏟아져 온 마을이 하얗게 변했습니다. 눈에 덮힌 초가집 지붕이 무척 아름다워 한동안 멈춰 서서 쳐다봤습니다.'

눈이 많이 온 다음날 흔히 우리가 사용하는 윗글의 '눈에 덮힌 초가집'은 '덮인'으로 써야 바른말이다.

덮다는 '물건 따위가 드러나거나 보이지 않도록 넓은 천 따위를 얹어서 씌우다, 그릇 같은 것의 아가리를 뚜껑 따위로 막다, 일정한 범위나 공간을 빈틈없이 휩싸다, 펼쳐져 있는 책 따위를 닫다.'의 뜻이다.

따라서 '덮다'의 피동형은 '덮이다'이지 '덮히다'가 될 수 없다. '덮이다'가 '덮히다'로 흔하게 잘못 사용돼 온 것은 소리가 '덮히다'로 들리기 때문으로 추정된다.

'뒤덮다'도 마찬가지다. '빈 데가 없이 온통 덮다. (비유적으로) 꽉 들어차게 하다.'를 뜻하는 '뒤덮다'도 피동형은 '뒤덮이다'이지 '뒤덮히다'가 아니다.

그런데도 '덮히다, 뒤덮히다'가 바른말인 걸로 착각한 나머지 '덮히다, 덮혔다, 덮혀, 뒤덮히다, 뒤덮혔다, 뒤덮혀' 등으로 흔히 잘못 사용해왔다.

따라서 '눈에 덮힌 언덕, 인파에 뒤덮힌 대전역 광장' 등의 문장처럼 잘못 써온 '덮히다, 뒤덮히다' 등은 모두 '덮이다'를 명심하고, 기억 속에서 지워버려야 한다.

도긴개긴, 도찐개찐

'보고서를 열 매 제출하라고 했는데, 여기는 한 장, 저기는 두 장 써 왔으니 모두 도찐개찐이다.'

'도토리 키 재기'란 말이 있듯, 비슷비슷하거나 그만그만한 것을 이를 때 윗글처럼 '도찐개찐, 도진개진'을 쓰거나 '도낀개낀'이라고 쓴다. 그러나 모두 다 사전에 없는 말이다. 바른말이 아니다.

위의 글은 '도긴개긴'이라 써야 옳다.

'긴'은 '윷놀이에서 자기 말로 남의 말을 쫓아 잡을 수 있는 거리'를 뜻한다. 따라서 윷놀이에 사용되는 '도, 개, 걸, 윷, 모'를 적용하면 '도 긴'은 '도'가 한 칸이므로, '도'로 잡을 수 있는 한 칸 거리를 말하며, '개 긴'은 '개'가 두 칸이므로, '개'로 잡을 수 있는 두 칸 거리를 뜻한다.

즉 '도긴개긴'은 '한 칸으로 잡을 수 있고, 두 칸으로도 잡을 수 있는 거리'이니 큰 차이가 없거나, 둘 다 비슷한 경우를 빗대어 말하고자 할 때 사용하면 된다.

'도찐개찐'은 '진'이 '긴'의 충청도 방언이므로 '도 진 개 진'이 사용되면서 '진'이 된소리로 변한 것으로 추정된다. 하여튼 바른말이 아니므로 '도긴개긴'만 기억하자.

우리말 우리글

돋우다, 돋구다

입맛이 없을 때에 입맛을 살리기 위해 매운 음식을 찾는 등 모두 여러 가지 방법을 동원한다. 그러면 입맛은 돋구는 것일까? 돋우는 것일까? '돋구다'를 사용하는 경우가 많다. 그러나 입맛은 '돋우다'가 바른말이다.

'돋우다'는 '위로 끌어 올려 도드라지거나 높아지게 하다. 밑을 괴거나 쌓아 올려 도드라지거나 높아지게 하다. 기분·느낌·의욕 등의 감정을 자극해 일어나게 하다. 입맛이 좋아지게 하다. 싸움을 충동질하다. 부추기다. 정도를 더 높이다. 가래를 목구멍에서 떨어져 나오게 하다.' 등 여러 가지 의미를 갖고 있다.

'용기를 돋워 주기 위해 오랫동안 아들과 대화를 나누었다. 낮은 지역으로 모래와 자갈을 부어 땅을 돋우었다. 몹시 맵고, 칼칼한 매운탕을 선택해 떨어진 입맛을 돋우었다. 꺾여 깊이 누워버린 양초의 심지를 돋우는 데 온갖 힘을 다 쏟느라 이제는 성냥을 켤 기운조차 없다.' 등으로 사용하면 된다.

그러면 '돋구다'는 언제 사용하면 될까? '돋구다'는 시력이 점점 나빠지는 사람들이 안경의 도수를 높일 때 사용한다. '점점 더 글이 보이지 않아 안경 도수를 돋구었다.'로 쓴다.

우리말 우리글

되갚음하다, 대갚음하다

"김 사장이 도움을 요청했지만 박 사장이 외면하는 바람에 부도가 났습니다." "지난번 김 사장이 박 사장 부탁을 거절했으니 결국 박 사장의 되갚음이네요."

남에게 당한 섭섭함에 벼르다가 복수를 하는 경우가 있다. 평소 자기관리가 필요하다. 위 예문에서 사용된 '되갚음'은 잘못 사용한 것이다.

되돌려 준다는 의미에서 흔히 '되갚음' '되갚음하다'를 사용하지만 없는 말이다. 이 경우에는 '대갚음' '대갚음하다'가 바른말이다.

'대갚음(對갚음)'은 '남에게 입은 은혜나 남에게 당한 원한을 잊지 않고 그대로 갚음'을 뜻하는 말이다. 은혜든 원한이든 잊지 않고 그대로 갚는 것은 '대갚음'뿐임을 명심하자.

'어려운 시절 정착하도록 베풀어 준 귀하의 은혜를 한시도 잊은 적 없이 지냈으니 이렇게 빨리 대갚음을 할 수 있나 봅니다.' '더불어 살아가는 지혜를 모르고, 계속 따돌리고, 괴롭혔으니 대갚음을 당하는 것도 무리가 아닙니다.' '대갚음하면 어쩌려고 그렇게 행동합니까?'처럼 쓰면 된다.

'구시화지문(口是禍之門), 설시참신도(舌是斬身刀)'라고 했다. '입은 재앙을 불러오는 문이고, 혀는 몸을 베는 칼'이란 뜻이다. 평소 말을 조심하지 않으면 훗날 큰 낭패를 당할 수도 있으니 유의해야 한다.

우리말 우리글 될수록, 되도록

‘될수록 빨리 출발하세요. 늦습니다.’ ‘예, 오늘도 늦으면 정말 혼납니다. 될수록 짐도 조금만 챙겼고, 일찍 준비를 해서 이번에는 문제없습니다.’

그럴듯하지만 잘못된 표현이다. ‘될 수 있는 대로’를 뜻하는 윗글의 ‘될수록’은 모두 ‘되도록’을 써야 바른 표현이다. ‘될수록’과 ‘되도록’은 같이 병행해 쓸 수 있는 같은 뜻의 말이 아니다. 반드시 구분해 써야 한다.

‘되도록’은 ‘부사’로서 ‘될 수 있는 대로’가 그 뜻이다. 따라서 ‘되도록 고기 많이 먹어라. 입대하고 나면 고기 먹기 힘들다.’ ‘밤샘 근무 계속했으니 장시간 운전하면 안 된다. 되도록 충분히 쉬고 출발해라.’처럼 사용하면 된다. ‘될 수 있는 대로’의 의미를 분명히 포함한다.

‘될수록’은 ‘되다’에 어미 ‘ㄹ수록’이 붙은 것이다. ‘ㄹ수록’은 ‘이다’의 어간, 받침 없는 용언의 어간이나 ‘ㄹ’ 받침인 용언의 어간, 어미 ‘-으시-’ 뒤에 붙어 ‘앞 절 일의 어떤 정도가 그렇게 더하여 가는 것이, 뒤 절 일의 어떤 정도가 더하거나 덜하게 되는 조건이 됨’을 나타낸다.

‘고위 공무원이 될수록 매사 처신을 잘 해야 한다.’ ‘계산 착오나 행정처리 지연 등으로 발생한 고객 불만은 배상 처리가 신속히 될수록 소비자의 신뢰도 두터워진다.’처럼 쓰면 된다. 앞뒤의 상황이 인과관계가 성립됨을 알 수 있다.

두루말이, 두루마리

외국인이 우리나라에 와서 생활하면서 깜짝 놀라는 것이 화장실에 있어야 할 두루마리 화장지가 식당 테이블 위에 올라 있는 것이라고 한다. 그래서 '외국인이 식당에서 두루마리 화장지를 보고도 놀랍지 않으면 오래 살아서 한국 사람이 다 됐다는 것'이라는 우스갯소리가 있다.

화장실에 있어야 할 둥근 휴지는 '두루말이'가 아니라 '두루마리'가 바른말이다. '두루마리'는 '가로로 길게 이어 돌돌 둥글게 만 종이. 편지나 그 밖의 글을 쓸 때 쓴다. 길게 둘둘 만 물건'이 그 뜻이다.

'두루마리'가 '두루말이'로 잘못 사용되고 있는 것은 달걀을 부쳐서 돌돌 말아서 먹는 '달걀말이, 계란말이'와 함께 '과거 권세 있는 집안에서 사사로이 사람을 멍석에 말아 놓고 뭇매를 가하던 일. 또는 그런 형벌'을 뜻하는 '멍석말이'에서 '말이'를 많이 접했기 때문으로 풀이된다.

그러나 '달걀말이, 계란말이'는 '달걀' 또는 '계란'을 부쳐 말아 놓은 것이고, '멍석말이'는 '멍석'을 말아 놓은 것이므로 '두루말이'처럼 '말이'가 붙은 것이 맞는 게 아니냐고 할 수도 있다.

그러나 중요한 것은 말의 뜻이 살아 있지 않다는 데 있다. '두루말이'가 바른말이 맞다고 한다면 '두루'를 말아 놓은 것이라고 해석을 해야 하는데 '두루'에 그런 뜻이 아예 없다. 그러니 '달걀말이'와 같은 예가 될 수는 없다.

우리말 우리글 두째, 세째, 네째

예전에는 '두째'와 '둘째', '세째'와 '셋째' 등이 뜻을 구분해 함께 쓰이기도 했지만 지금은 차례와 수량을 나타내는 말은 모두 '첫째, 둘째, 셋째, 넷째'처럼 사용해야 한다. 따라서 '두째, 세째, 네째' 등은 표준어가 아니라 더 이상 사용되지 않는다.

'1백m 달리기에서 둘째로 들어왔다.' '사과를 둘째 먹는다.' '김 사장 셋째 아들이다.' '호떡을 넷째 먹는데도 배가 부르지 않다.'처럼 사용하면 된다.

그러나 다른 것과는 달리 '둘째'는 십 단위 이상의 서수사에 쓰일 때에는 '두째'로 쓴다. '열두째, 스물두째, 서른두째' 등으로 사용하는데, 이는 '둘째' 앞에 다른 수가 올 때에는 받침 'ㄹ'이 분명히 탈락하는 현상을 따른 것이다.

'왼쪽으로 열두째(열두 번째) 집이 박 사장의 집입니다.' '개장 후 스물두째(스물두 번째) 방문객이다.'가 그러하다. 이것은 '둘째'만 해당될 뿐이어서 나머지 수는 '열셋째, 스물넷째'처럼 사용됨을 분명히 알아야 한다.

우리말 우리글 뒤꿈치, 뒷꿈치

엄마 친구의 아들 '엄친아'가 거론되는 순간 괴로운 아이들이 많다. 지독히 능력이 부족한 아이에게는 '누구 뒷꿈치라도 좇아가 보라.'는 독설이 쏟아지기도 한다. 삼가야 될 말이다.

이때 사용하는 '뒷꿈치'는 잘못된 말이다. 발뒤꿈치의 준말은 '뒷꿈치'가 아니라 '뒤꿈치'다.

사이시옷을 사용하는 법칙은 경우가 너무 많아 까다롭다. 한글맞춤법(제30항)에 따르면 순우리말로 된 합성어로서, 앞말이 모음으로 끝난 경우이면서 뒷말의 첫소리가 된소리로 나는 경우 사이시옷을 붙이는 등 여러 가지 경우가 있다. 그러나 경우가 너무 많아 잘 기억하는 수밖에 없다.

그러나 사이시옷을 붙여 사용하는 경우가 많다 보니 사용하지 않아야 될 곳에 사이시옷을 사용하는 경우 또한 너무 많아 걱정이다.

위 뒤꿈치처럼 사이시옷 소리가 나더라도 사용해서 안 되는 경우는 뒤 단어의 첫소리가 거센소리(ㅊ·ㅋ·ㅌ·ㅍ)거나 된소리(ㄲ, ㄸ, ㅃ, ㅆ, ㅉ)인 경우다. 한자어와 함께 가장 많이 틀리는 경우인데, 잘 기억해 두어야 한다.

뒤처리, 뒤탈, 뒤편, 뒤끝, 뒤쪽 등이 그렇다. 모두 '뒷처리, 뒷탈, 뒷편, 뒷끝, 뒷쪽' 등으로 사시시옷을 붙이는 경우가 허다하지만 잘못된 사용이므로 주의해야 한다.

우리말 우리글 뒤처지다, 뒤쳐지다

'시대 흐름에 뒤쳐지다.'

위의 글처럼 '뒤쳐지다'를 잘못 사용하는 경우가 많다. 위 예문처럼 쓰면 우리말을 바르게 사용하려는 노력이 곳곳에서 일어나고 있는 시대 흐름에 뒤처지는 것이다. '시대 흐름에 뒤처지다'가 바른말이다.

'뒤처지다'를 살펴보자. '어떤 수준이나 대열에 들지 못하고 뒤로 처지거나 남게 되다.'를 뜻한다. 흔히 '(~보다, ~에, ~에게) 뒤처지다'의 형태로 사용된다.

'성적이 옆집 철수보다 뒤처졌다, 보통 사람이 운동선수 출신과 함께 달리면 선수 출신에게 당연히 뒤처지게 마련이다, 신기술 개발의 국제적 흐름에 뒤처진 국가는 지속적인 성장을 할 수가 없다.'처럼 사용하면 된다.

'뒤쳐지다'를 보자. '물건이 뒤집혀서 젖혀지다.'가 뜻이다. '뒤처지다'와 전혀 다른 의미를 갖는다. 화투를 칠 때도 건네는 화투장이 뒤쳐지는 수가 있고, 현수막이나 어깨띠가 바람에 날려 뒤쳐지는 수도 있다. '저녁부터 몰아친 태풍으로 인해 걸어 놓은 현수막이 모두 뜯기거나 뒤쳐져 있다, 큰돈이 오가는 화투판에서 건네던 화투짝이 뒤쳐지는 바람에 두드려 맞을 뻔했습니다.'처럼 사용한다.

'뒤쳐지다'는 발음이 '뒤처지다'로 난다. 그래서 '뒤처지다'와 '뒤쳐지다'가 명확히 구분되지 않고 사용되는 한 원인으로 보인다. 그러나 분명히 뜻이 다름을 명심해야 한다.

우리말 우리글

뒷치닥거리, 뒤치다꺼리

바른말은 '뒤치다꺼리'이다.

'갓 들어온 수습사원이다 보니 행사를 마치고 나면 항상 '뒤치닥거리'는 혼자의 몫이었다.' '아들 녀석 친구들만 집에 놀러 오면 어찌나 방을 어지럽히는지 '뒷치닥거리'가 정말 힘든 일이었다.' '평생 자식 뒷치다꺼리 하느라 정말 힘들다.'

'뒤에서 일을 보살펴 도와주는 일, 또는 일이 끝난 뒤끝이나 남은 일을 정리하는 일'은 위의 예문에서 사용된 '뒤치닥거리, 뒷치닥거리, 뒷치다꺼리'가 아니라 '뒤치다꺼리'가 바른말이다. 흔히 발음이 비슷하고 해서 잘못 사용하고 있지만 표준말이 아니므로 가려 써야 한다.

뒷말의 첫소리가 된소리(ㄲ, ㄸ, ㅃ, ㅆ, ㅉ)이거나 거센소리(ㅊ, ㅋ, ㅍ, ㅌ)면 사이시옷을 붙여 사용하지 않는다. 그래서 '뒷치다꺼리'가 아니라 '뒤치다꺼리'가 바른말이다. 위층, 위쪽 등에서처럼 뒷말의 첫소리를 잘 살펴서 사용해야 사이시옷과 관련한 바른말을 쓸 수 있다.

'뒤치다꺼리'의 비슷한 말은 '뒷수쇄(收刷)'가 있다. '화려한 축제가 끝나고 나면 뒷수쇄는 항상 막내인 나의 몫이어서 불만이 많았다.'로 쓴다.

우리말 우리글 들렸다, 들렀다

'친구 집에 들려서 가방 좀 빌려 오너라.'와 '친구 집에 들러서 가방 좀 빌려 오너라.'

둘 중 '들려서'가 입에 익다 보니 '들러서'가 틀린 것으로 알고 있을 법하다. 그러나 '들러서'가 바른말이다.

너무도 많은 사람들이 잘못 사용하고 있는 말 중의 하나가 '들르다'이다. 모두들 '들리다'가 표준어인 양 사용한다. 그러다 보니 '들려서' '들렸다' 등으로 잘못 사용한다.

십중팔구는 자신도 모르게 사용하는 것 같다. '어디 좀 들렸다 오느라고 늦었습니다.' '여행 중 동생 집에 들려서 며칠 이곳저곳 재미있게 돌아다녔습니다.' 등등에서처럼.

'지나는 길에 잠깐 거치다'의 뜻을 전하려면 '들르다'를 사용해야 한다. 그래서 들르니, 들러 등으로 활용된다. 그래서 '어디 좀 들렀다 오느라 늦었습니다.' '여행 중 동생 집에 들렀더니 아무도 없었습니다.'라고 써야 한다.

'들리다'를 살펴보자. '들리다'는 '듣다'의 피동형으로 쓰여, '저기서 아이 울음소리가 들린다, 너는 들리는 소문이 좋지 않다.' 등으로 사용된다. 또 병이 들거나, 못된 귀신이 들러붙는 경우에도 '들리다'를 사용한다.

'들다'의 피동형 또는 사동형으로도 쓰여, '한순간에 몸이 번쩍 들렸다.' '무거운 짐은 하인에게 들려 보내라.'처럼 사용하면 바른말이다.

우리말 우리글

들이키다, 들이켜다

'어젯밤 회식 자리에서 뭔 기분 나쁜 일이 있는지 김 과장이 과음을 하고 있어 더 못 마시게 그렇게 말렸는데도 밤새 술을 들이키더니 오늘 출근도 하지 않았습니다.'

물이나 술 음료수 등을 한꺼번에 많이 마시거나 벌컥 벌컥 빨리 마시는 모습을 볼 때 많은 사람들이 윗글처럼 '들이키다'라고 표현한다. 그러나 이 글에서 '들이키다'는 틀린 표현이다. 이때는 '들이켜다'를 사용해야 바른말이다.

'들이켜다'는 '물이나 술 따위의 액체를 단숨에 마구 마시다. 세게 들이마시다.' '공기나 숨 따위를 몹시 세차게 들이마시다.'의 뜻을 가지고 있다. 따라서 우리가 흔히 잘못 사용하는 '들이키다'는 다른 의미로 사용해야 한다.

'들이키다'는 엄연히 다른 뜻을 지니고 있다. '들이키다'는 '안쪽으로 가까이 옮기다.'의 뜻이다. 그래서 '내가 찾아갔을 때 그는 비를 피하기 위해 가게 앞에 내어 놓은 가구들을 들이키고 있었다.' '어머니는 날씨가 몹시 추워지자 방으로 화분을 들이켰다.'처럼 사용한다.

'들이키다'와 '들이켜다' 두 단어를 흔히 혼동해 잘못 사용하는 것은 두 단어의 과거형이 둘 다 '들이켰다'이기 때문으로 풀이된다. 과거형을 사용, '목이 말라 물을 들이켰다.'고 하면 맞는 말이다. 그러나 현재형은 분명 다른 뜻을 가지고 있으므로 잘 구분해 사용해야 한다.

때마침

'집을 나서려는데 때마침 비가 오더군요. 그래서 외출을 포기했습니다.'

'때마침'은 '부사'로서, '제때에 알맞게', '바로 때맞춰', '그때에 마침' 등의 뜻으로 사용된다. 뜻에서 보듯 이 '때마침'은 긍정의 의미를 부여하는 부사이다.

따라서 위 예문은 '적절한 시기에 비가 잘 왔고, 그래서 외출을 포기하게 돼 좋다'는 긍정의 의미가 아니라 '비가 와서 모처럼 계획한 외출이 허사가 돼버렸다.'는 부정적 의미를 담고 있다. 따라서 긍정의 의미 표현에 어울리는 '때마침'을 사용할 수는 없는 법이다.

'때마침'은 '친구들과 여행을 가기로 해서 목돈이 필요했는데 때마침 아버지가 보너스를 받았다며 용돈을 주셨습니다.' '강도를 만나 돈을 다 뺏길 처지였는데 때마침 지나가던 경찰이 저를 발견해서 위기를 벗어날 수 있었습니다.'처럼 긍정적인 의미를 전달할 때 사용해야 한다.

우리말 우리글

떨어먹다, 털어먹다

요즘 같은 불경기에 장사나 사업을 시작하는 것은 참 신중해야 한다. 경험도 계획도 제대로 없으면서 부모나 주변 지인의 충고를 무시하고, 사업을 시작했다가 낭패를 당하는 사람들이 많다.

가진 자본금 다 날려버리고 장사를 접을 때면 주위 사람들로부터 듣는 말이 '다 떨어먹었다'이다. 그러나 이때 사용하는 바른말은 '떨어먹다'가 아니라 '털어먹다'이다.

물론 장사나 사업을 하다가 사업을 접는 경우에 '털어먹다'를 사용하는 것도 엄격히 적용해야 하는 말이다. 망한 내가 내 입으로 '털어먹었다'고 말하면 자신을 낮추어 말했으니 그럴 수도 있겠다.

또 아무런 준비도, 경험도 없이, 달콤한 말에 현혹돼 '묻지마' 투자로 사업을 시작했다가 자본금을 모두 날려버리는 경우에는 '털어먹다'를 써도 무방할 것이다.

그러나 사업을 접은 남의 이야기를 하는 경우라면 조심해야 한다. 계획 잘 세우고, 열심히 사업을 했으나 장기적인 경기 침체나 주변 환경 등이 돕지 않아 사업을 접는 경우라면 '털어먹다'를 사용해서는 곤란하다.

'털어먹다'는 '재산이나 돈을 함부로 써서 몽땅 없애다.'가 그 뜻이기 때문이다. 함부로 써서 없앤 경우가 아니라면 '털어먹다'를 사용해서는 곤란하다.

우리말 우리글

떼거지로 몰려오다

'구호품을 배급하러 갔더니 굶주린 주민들이 떼거지로 몰려왔다.'

한꺼번에 몰려들거나, 무리를 지어 행동하는 사람들을 향해 흔히 '떼거지'란 말을 사용한다. 그러나 윗글의 '떼거지'는 '떼'의 속된 말 '떼거리'를 잘못 사용한 것이다.

'목적이나 행동을 같이하는 무리'를 뜻하는 '떼' 또는 '떼거리'는 '흉기로 무장한 폭력배 한 떼가 달려왔다.' '아무리 무술을 익혔다고 하나 떼거리로 달려들면 감당할 수가 없습니다.'처럼 사용한다.

하지만 '떼거리'가 '떼'의 속된 말이고 보면, '떼거리'는 상황을 가려 사용하는 것이 바람직하다.

'떼'와 비슷한 말로는 '패(牌)'와 '패당'이 있으나 '떼'와 달리 사람에게만 쓸 수 있다. '같이 어울려 다니는 사람의 무리'를 뜻하기 때문이다. '패'를 낮잡아 이르는 말로는 '패거리'가 있다. '윗마을 패와 아랫마을 패가 시합에 참가한다.' '폭력을 일삼는 그런 패거리와 어울리지 마라.'처럼 쓰면 된다.

'떼거지'는 달리 써야 한다. '떼거지'는 '떼를 지어 다니는 거지'와 함께 '천재지변 따위로 졸지에 헐벗게 된 많은 사람을 비유적으로 이르는 말.'이다. '60~70년대만 해도 주변에서 떼거지 보는 것이 어렵지 않았다.' '내전을 겪고 나니 많은 사람들이 하루아침에 떼거지가 됐다.'처럼 쓴다.

우리말 우리글

뜻뜨미지근하다, 뜨뜻미지근하다

도움이 필요한 사람에게 붙어 있으면서도 도움을 주겠다는 것인지 아닌지 분명한 입장을 밝히지 않으면 도움이 필요한 사람은 정말 속이 탄다. 이것도 저것도 아닌 불분명한 상태에 있는 경우를 우리는 '뜨뜻미지근'하다고 한다. 위 글의 '뜻뜨미지근'은 사전에 없는 잘못된 말이다.

'뜨뜻미지근하다'는 '형용사'로서, '온도가 아주 뜨겁지도 않고 차지도 않다.' '하는 일이나 성격이 분명하지 못하다.'를 뜻한다.

좋은 뜻으로 사용할 때는 뜨겁지도 차지도 않은 아주 알맞은 온도의 물을 뜻하며, 좋지 않은 뜻으로 사용할 때는 이도 저도 아닌 분명하지 못한 사람의 일이나 태도를 빗대어 말할 때 쓴다.

그러나 발음 때문인지 '뜨뜨미지근하다' '뜻뜨미지근하다' '떠떠미지근하다' '떳떠미지근하다' 등 여러 가지 형태로 잘못 사용하고 있다.

하지만 어려워 할 필요가 없다. '뜨뜻미지근하다'는 '따뜻하다'의 큰말 '뜨뜻하다'와 '미지근하다'의 결합어이다. 따라서 두 말이 결합한 것이니 '뜻뜨' '뜨뜨' 등의 잘못된 말을 생각할 필요도 없다. '뜨뜻하다'의 '뜨뜻'만 기억하면 바른 사용이 가능하다.

우리말 우리글 띠다, 띄다

'역사적 사명을 띠고 미국으로 건너갔다.' '역사적 사명을 띄고 미국으로 건너갔다.'

어느 것이 바른말일까. '띠고'가 바른말이다.

'띠다'는 '띠나 끈을 두르다. 어떤 성질을 가지다. 용무·직책·사명을 가지다. 빛깔을 조금 가지다. 감정이나 기운 따위를 나타내다.'등의 의미를 갖는다.

따라서 '허리띠를 띠다. 허리에 노란 끈을 띠다. 그가 점심시간을 이용해 하는 일은 부업의 성격을 띤다. 석양빛을 띠다. 붉은 빛을 띤 얼굴. 미소를 띤 얼굴, 토론장의 대화는 점차 열기를 띠기 시작했다.' 등으로 사용하면 된다.

'띄다'는 '뜨이다'의 준말이다. '뜨이다'는 '뜨다'의 피동으로서, '감았던 눈이 열리다. 몰랐던 사실이나 숨겨졌던 본능을 깨닫다. 눈에 들어오다, 또는 발견되다'의 의미이다. 이 경우 대개 '띄다'의 형태로 줄여서 사용된다. '커다란 키가 눈에 띄다. 멋진 옷이 눈에 띄다, 도시화된 시골의 풍경이 눈에 띄다, 귀가 번쩍 띄었다.'로 쓰면 바른말이다.

'공간적으로 거리가 꽤 멀다. 시간적으로 동안이 오래다.'를 뜻하는 '뜨다'의 사동형 '띄우다'의 준말(띄다)이기도 하다. '본관과 별관 건물을 (띄워)띄어 짓는 것이 이용자 서로에게 좋다.'로 쓴다.

우리말 우리글

~로서, ~로써

'~로서'와 '~로써'를 잘 구분하지 못하는 경우가 많다. '~로서'는 받침이 없거나 'ㄹ'받침으로 끝나는 체언에 붙는 부사격조사로서 '어떤 신분이나 자격, 지위를 나타내는 격조사, 어떤 동작이 일어나거나 시작되는 곳을 나타내는 격조사로 사용된다. 자격격조사라고도 불린다. 받침이 있으면 '~으로서'로 사용된다.

따라서 '이 모임의 회장으로서 오늘 회의를 주재하겠습니다.'처럼 회장의 자격 또는 신분을 가졌으므로 '서'를 사용한 것이다. '이 집의 주인으로서, 한국 최고 한식당으로서, 고대 문명의 발상지로서 사랑을 받고 있다.'처럼 사용한다.

'~로써'는 '로서'와 마찬가지로 체언에 붙는 부사격조사이지만 '어떤 물건의 재료나 원료를 나타내는 격조사, 어떤 일의 수단이나 도구를 나타내는 격조사, 시간을 셈할 때 셈에 넣는 한계를 나타내거나 어떤 일의 기준이 되는 시간임을 나타내는 격조사'이다.

'쌀로써 떡을 만든다, 붓으로써 그림을 그린다, 불굴의 의지로써 승리할 수 있었다. 말로써 천 냥 빚을 갚는다, 대화로써 분쟁을 해결했다, 이 회사에서 근무한 지 오늘로써 30년이다, 오늘로써 그 일을 끝냈다.' 등으로 사용하면 된다.

우리말 우리글

맛뵈기, 맛보기

'이 신상품은 맛을 보고 마음에 들면 구매를 할 수 있도록 맛뵈기로 좀 내놓으세요.'

대형 마트에 가면 맛볼 수 있게 해 놓고, 구매를 유도하는 시식 코너가 많다. 내가 살 식품을 직접 맛을 본 뒤에 구매 결정을 할 수 있으니 좋고, 판매자 입장에서도 품질에 자신이 있으니 직접 맛보고, 결정하라는 자신감의 표현이라 서로에게 괜찮은 마케팅 전략인 것 같다.

그런데 이때 맛보라고 내놓는 음식은 '맛뵈기, 맛배기, 맛보기' 등 여러 가지로 불린다. 하지만 '맛보기'만 바른말이며, 나머지는 잘못 사용하고 있는 말이다.

'맛보기'는 '맛을 보도록 조금 내놓은 음식'을 뜻한다. 또한 '어떤 일을 본격적으로 하기 전에 시험 삼아 해 보는 것을 비유적으로 이르는 말'로도 사용된다.

맛을 뵈는 음식이라 해서 '맛뵈기'라고 부르기도 하고, '그런 물건'의 뜻을 더하는 접미사 '배기'를 맛에다 덧붙여 '맛배기'라고 사용해 온 것으로 분석된다. 하지만 '맛보기'를 잘못 알아들었거나, 억지로 갖다 붙인 합성어인 셈이니 사용해서는 안 된다.

따라서 시식 코너에서 맛을 보고 난 뒤에 맛이 있으면 사라고 내놓은 음식이나, 이웃집에 맛을 보라고 갖다 주거나 이웃집에서 가져온 음식 등 '맛을 보도록 조금 내놓은 모든 종류의 음식'은 모두 '맛보기'라고 하면 가장 적절하다.

우리말 우리글

맞혀 봐라, 맞춰 봐라

'내가 문제를 낼게, 맞춰 봐라.' '내가 문제를 낼게, 맞혀 봐라.'

두 문장에서처럼 '맞히다, 맞추다'를 착각해 잘못 사용하는 경우가 많다. 답을 알아맞히는 것은 '맞히다'를 사용하므로, '문제를 맞혀 봐라'가 바른 사용이다.

'맞히다'는 '맞다'의 사동형으로서 '맞게 하다'의 뜻이다. 따라서 '정답을 맞히다, 공기총으로 정확히 표적을 맞히다' 등으로 사용한다. 또한 눈 또는 비, 침이나 매, 도둑을 맞게 하다의 의미로도 사용된다. '비를 맞히다, 매를 맞히다' 등등.

그러나 '맞추다'는 '서로 꼭 맞도록 하다, 서로 닿게 하다, 기준이나 정도에 알맞게 하다, 마음에 들도록 하다, 옷을 맞추어 입다' 등으로 사용되므로, '맞히다'와는 분명히 구분해야 한다.

'범인들이 서로 입을 맞추다, 부부가 서로 입을 맞추다, 약속 시간에 맞춰 도착했다.' 등으로 사용한다.

또 '일정한 대상을 비교해 살피다'의 의미도 가지고 있어 '답안지를 맞춰 보다'로 사용되는 경우도 있다. 이 때문에 '맞히다'와 혼동해서는 안 된다.

우리말 우리글

머리말, 머릿말

"책 한 권 쓰는 것보다 머리말 쓰는 데 걸린 시간이 더 많았다면 믿겠습니까?" "설마요. 머릿말이 몇 페이지나 된다고요. 농담이죠?"

머리말 작성에 더 많은 시간이 필요한 사람이 있었는지 모르겠다. 그만큼 중요한 부분이라 이런 이야기가 나왔으리라. 위 대화에서 바른말은 '머리말'이다. 대개 '머릿말'로 많이 읽는 탓에 '머릿말'이 바른말로 알겠지만 아니다.

'머리말'은 '명사'로 '책이나 논문 따위의 첫머리에 내용이나 목적 따위를 간략하게 적은 글'을 뜻한다. '서론(序論), 두서(頭書), 머리글, 서기(序記), 서문(序文), 서언(序言), 서제(序題) 등이 비슷한 말로 함께 사용된다.

'인사말'도 비슷한 경우다. '인삿말'이 바른말인 것으로 착각하기 쉽지만 아니다.

한글맞춤법 제30항 '사이시옷의 사용 규정' 중 '순우리말과 순우리말의 합성어로서 앞말이 모음으로 끝난 경우' '한자어와 순우리말의 합성어로서 앞말이 모음으로 끝난 경우'의 몇 가지 규정을 적용해 보면 사이시옷을 사용해야 할 것처럼 보인다. 하지만 '머리말'과 '인사말'은 사이시옷 없이 사용함을 기억하자.

우리말 우리글

멀지않아, 머지않아

꽃샘추위가 아직은 남아 있을 거라고는 하지만 낮 기온은 봄 날씨다. 곧 봄이 오려나 보다. 이때 곧 봄이 올 것을 예견하는 이 같은 표현에서 '멀지않아'를 쓸까? '머지않아'를 쓸까? '머지않아'가 바른말이다.

형용사 '머지않다'는 주로 '머지않아'로 쓰여 '시간적으로 오래지 않다'의 뜻이다. 한 단어이므로 반드시 붙여서 써야 옳다.

그래서 '이렇게 따뜻한 날씨를 보니 머지않아 봄이 오려나 보다, 지금은 돈이 없어 인간다운 행세를 못하지만 머지않아 내가 큰돈을 벌면 그때 보자, 저 업체 직원들 돌아다니며 하는 짓을 보니 머지않아 회사가 망할 것이다.' 등으로 쓰면 된다. 이처럼 '머지않아'는 모두 다 '오래지 않아'의 뜻으로 '시간적 의미'로 사용됨을 알 수 있다.

'멀지 않아' 는 우선 띄어 써야 한다. '멀지 않아' '멀지 않다'가 바른말이다. 물론 '멀다'에서 활용된 것이므로 '멀지 않아'로 띄어 쓴다면 '머지않아'와 같은 뜻으로도 사용할 수 있으며, 여러 가지 경우에 적용해 쓸 수 있다.

우리말 우리글 며칠, 몇일

'그녀는 사고를 당한 후 몇일이 지난 뒤에 찾아왔다.' '그녀는 사고를 당한 후 며칠이 지난 뒤에 찾아왔다.'

'몇일'과 '며칠'을 구분하지 못해 잘못 사용하는 경우가 많다. 윗글에서는 '며칠'을 사용한 것이 바른말이다.

오래 전에는 '몇일'과 '며칠'이 각각 나름의 의미대로 쓰여 다 맞는 것이 었지만 개정된 새 한글맞춤법에서는 '며칠'로 통일됐다.

'며칠'을 '몇일'로 잘못 사용하는 것은 '몇년, 몇월, 몇일'이 우리가 흔히 사용하는 말이어서 더욱 그렇다. 그래서 '몇일'이 바른말인 것으로 착각하게 되는 것이다. 그러나 '몇년'은 '몇 년' '몇월'은 '몇 월'로 사용하고, '몇일'은 '며칠'로만 사용해야 하는 것이다.

따라서 '몇일'은 사전에서도 찾을 수 없다. '며칠'은 '그달의 몇째 되는 날' '몇 날'의 의미로 찾을 수 있다.

'형님 결혼식은 며칠이냐?' '쌀이 없어 밥을 못 먹은 게 도대체 며칠인지 모르겠구나.' '며칠만 있으면 나도 부자가 됩니다.' 등으로 사용하면 된다.

우리말 우리글

못미처, 못미쳐

'사거리 못미쳐서 작은 구멍가게가 있습니다. 그곳에서 만나죠.'

어디에 이르지 못한 상태나, 도착하기 이전의 장소 등을 거론할 때 '못미처, 못 미쳐' 등을 사용한다. 그러나 위의 글처럼 '못 미쳐서'를 '못미쳐서'로 붙여 쓰거나 '못미처'를 '못미쳐'로 잘못 사용하는 경우가 많다. '못미처'와 '못 미쳐'만 기억해야 한다.

'못미처'는 '명사'로서 '일정한 곳까지 채 이르지 못한 거리나 지점'을 뜻한다. 따라서 '내가 다니는 학원은 초등학교 못미처입니다. 지나치지 않도록 주의하세요.' '집 앞 오거리 못미처에서 내리시면 됩니다.'처럼 사용하면 된다.

다음은 '미치다'를 살펴보자. 동사 '미치다'는 정신에 이상이 생기는 '미치다'와 다른 의미로 '공간적 거리나 수준 따위가 일정한 선에 닿다, 영향이나 작용 따위가 대상에 가하여지다. 또는 그것을 가하다.'가 있다.

그러므로 '교회에 못 미쳐서 서 있으니 직진하시면 저를 볼 수 있어요.' '중산층 평균 소득에 못 미치는 월급을 받고 일을 합니다.' '이번 선거 결과가 야당의 조직 개편에 영향을 못 미쳤다는 것은 이해하기 힘듭니다.' 등으로 쓰면 된다.

'못 미쳐'로 띄어 써야 하는 것을 '못미쳐'로 붙여 잘못 사용하는 것은 명사 '못미처' 때문으로 분석된다. 명사 '못미처'가 있고, 동사 '미치다'와 결합하는 '못 미치다'가 있음을 분명히 기억해야 한다.

우리말 우리글 무르다, 물리다

'아저씨, 이게 고장이 나 작동이 안 되네요. 물려 주세요.' '교환은 돼도 물리는 것은 안 된다고 말했잖아요.'

큰마음 먹고 산 물건이 불량이거나 마음에 들지 않아 돈으로 돌려받거나 서로 바꾼 물건을 다시 돌려받고 싶을 때 우리는 '물린다'라고 한다. 그러나 이때 사용하는 바른말은 '무르다'이다. 따라서 윗글도 '물려 주세요' 대신 '물러 주세요'를 써야 한다. 또 '물리는 것'은 대신 '무르는 것'으로 고쳐 써야 옳다.

'무르다'는 '사거나 바꾼 물건을 원래 임자에게 도로 주고 돈이나 물건을 되찾다, 이미 행한 일을 그 전의 상태로 돌리다, 여리고 단단하지 않다, 물기가 많아서 단단하지 않다' 등의 뜻을 지니고 있다. 그리고 '물러, 무르니'로 활용돼 쓰인다.

따라서 돈을 돌려받거나 바꾼 물건을 되찾는 경우에는 '가방을 샀다가 도로 물렀다.' '시계와 지갑을 바꿨는데 손해인 것 같아 물렀다.' '불량품을 무르는 것은 소비자의 권리다.'처럼 사용해야 한다.

그러나 '물리다'가 '무르다'의 사역형이므로 '무르다'가 사역형으로 사용될 때에는 '물리다'를 쓰는 것이 가능해진다. 그러나 반드시 사역형으로 사용될 때에 한한다. '각 지점에서 고객에 의해 물린 불량 상품이 월말이면 본사로 이송된다.'처럼 사용된다.

'물리다'는 '정해진 시기를 뒤로 늦추다, 다시 대하기 싫을 만큼 몹시 싫증이 나다.' 등의 뜻을 갖고 있다.

우리말 우리글

밑둥, 밑동

'이장이 마을 입구에 버티고 선 느티나무 밑둥을 잘라버리겠다며 도끼를 들고 왔다.'

흔히 '나무 밑둥을 자르다, 무 밑둥을 잡더니 단번에 뽑아 올렸다'처럼 긴 물건의 아랫동아리를 '밑둥'이라 부르는 경우가 많다. 그러나 '밑둥'이 아니라 '밑동'이 바른말이다.

'밑동'은 '긴 물건의 맨 아랫동아리, 나무줄기에서 뿌리에 가까운 부분, 채소 따위 식물의 굵게 살진 뿌리 부분'을 뜻한다.

그래서 '대나무 밑동을 툭툭 치면서 마음에 드는 놈을 고르기 시작했다, 한 아름이 넘는 나무 수백 그루가 밑동만 남긴 채 다 잘려 나갔다.'처럼 사용해야 옳다.

'밑동'의 반대말은 '윗동'이다. '윗동아리'의 준말이다. '긴 물체의 위쪽 부분, 둘로 갈라진 토막의 위쪽 동아리'를 뜻하므로 잘 선택해 쓰면 된다.

우리말 우리글

바람, 바램

"아들아, 네가 훌륭한 법관이 되는 것이 나의 바램이다." "어머님의 바램을 절대 잊지 않겠습니다."

자식이 훌륭한 인물이 되기를 희망하는 부모의 마음과 화답하는 자식의 마음을 드러낸 것이지만 이때 사용하는 바른말은 '바램'이 아니라 '바람'이다.

'바라다'는 '어떤 일이 이루어지기를 기다리는 간절한 마음'을 뜻한다. 이 '바라다'는 '바래다, 바램'으로 흔히 잘못 사용되고 있다.

'제 동생이 빨리 성공하는 것이 저의 바람입니다, 선생님의 바람대로 철수는 대학에 합격했습니다, 처음에는 돈이 최고라는 생각으로 부자가 되기를 바랐으나 이것이 우선이 아니라는 것을 나이가 들어서야 알 수 있었다.'처럼 '바라다'의 명사형, 과거형 '바람, 바랐다'처럼 사용해야 옳다.

'바래다'는 '볕이나 습기를 받아 빛이 변하거나, 오래돼 변색한 경우, 가는 사람을 따라가거나 바라보면시 보내다.'의 뜻으로 사용된다.

'누렇게 바랜 아내의 속옷을 보는 순간 아내에 대한 미안함으로 어찌할 바를 몰랐다, 밤이 몹시 깊으니 동네 어귀까지 동생을 바래다주고 오너라.'처럼 쓰면 된다.

우리말 우리글

박이, 배기

'세 살박이 애가 한 짓인데 때리지 말고 그냥 두세요.' '두 살배기든, 세 살배기든, 잘못했으면 따끔하게 혼을 내야 버릇을 고칠 수 있습니다.'

흔히 아이들의 나이를 두고 이런저런 이야기를 할 때 '박이'나 '배기'가 나오는데, 이때 어느 것이 맞는지 많이 혼란스러워 한다. 그러나 위의 글은 아이의 나이를 뜻하므로, '세 살배기'가 바른말이다.

'박이'를 살펴보자. '박이'는 명사 뒤에 붙어 무엇이 박혀 있는 사람이나 짐승 또는 물건이라는 뜻을 더하는 접미사로 쓰인다. 또는 명사 또는 동사 어간 뒤에 붙어 무엇이 박혀 있는 곳이라는 뜻을 더하거나 또는 한곳에 일정하게 고정되어 있다는 뜻을 더하는 접미사이다.

점박이, 차돌박이, 토박이, 붙박이, 덧니박이, 금니박이, 네눈박이, 장승박이 등으로 쓰인다.

'배기'는 어린아이의 나이를 나타내는 명사구 뒤에 붙어 '그 나이를 먹은 아이'의 뜻을 더하는 접미사로 쓰인다. 또 몇몇 명사 뒤에 붙어 '그것이 들어 있거나 차 있음'의 뜻을 더하거나 '특정한 곳이나, 그런 물건'의 뜻을 더하는 접미사로 사용된다.

세 살배기, 알배기, 나이배기, 공짜배기, 대짜배기, 언덕배기, 귀퉁배기, 진짜배기 등이 그 예이다.

우리말 우리글

박이다, 박히다

운동을 오래 한 사람을 살펴보면 손이나 발 등에 굳은살이 보인다. 이때 우리는 '못이 박힌 손, 못이 박힌 발'이라고도 하고, '손에 배긴 굳은살, 발에 배긴 굳은살' 등으로 표현한다.

그러나 이 표현은 잘못된 것이다. 윗글의 경우 모두 '박히다' 대신 '박이다'를 써야 옳다. '박이다'는 '버릇, 생각, 태도 따위가 깊이 배다. 손바닥, 발바닥 따위에 굳은살이 생기다.'의 뜻이다.

이와 더불어 잘못 사용하는 경우가 '배기다'이다. '굳은살이 배기다'라고 쓰지만 '배기다'는 '몸에 단단한 것이 받치는 힘을 느끼게 되다, 참기 어려운 일을 잘 참고 버티어 나가다.'의 뜻이므로 굳은살과 함께 사용해서는 안 된다. 참고로 주로 손바닥이나 발바닥에 생기는 단단하게 굳은 살을 '못'이라 한다.

'손에 못이 박히다.'에서처럼 '박히다'를 사용하면 손에 굳은살이 아니라 손에 못이 박히거나 꽂혀 다치게 된 상황을 의미하게 되므로 잘 가려 써야 한다.

그러나 정말 많이 들어 지겨울 정도라는 뜻으로 '귀에 못이 박히다'라는 표현이 있다. '박이다'를 써야 될 것 같아 헷갈리지만 '못이 박히다'는 관용구로 사용되고 있으니 바른말이다.

'못(이) 박히다'는 '원통한 생각이 마음속 깊이 맺히다. 한자리에 굳어 버린 것처럼 꼼짝 않고 서 있다. 한곳을 뚫어지게 쳐다보다.'의 의미로 사용된다. '부모 가슴에 못 박히게 만드는 자식, 한곳에 못 박힌 듯 오래 서 있었다.'처럼 사용된다.

우리말 우리글

반증, 방증

'그가 누구에게나 좋은 평가를 받는 것은 그가 평소 남을 배려하며, 성실하게 살았다는 반증이다.'

비슷해서 구분하기 어려운 말 중의 하나가 '반증(反證), 방증(傍證)'이다. 위 글은 '방증'이 바른말이다.

'반증'은 두 가지 뜻이 있다. 하나는 '어떤 사실이나 주장이 옳지 아니함을 그에 반대되는 근거를 들어 증명함. 또는 그런 증거.'란 뜻이다. 나머지는 '((주로 '-는/ -다는 반증이다' 구성으로 쓰여)) 어떤 사실과 모순되는 것 같지만, 오히려 그것을 증명한다고 볼 수 있는 사실.'을 뜻한다.

따라서 '하루 종일 집에 있었다고 우겨도 진실을 밝힐 반증이 없다.' '그의 주장을 뒤집을 반증을 찾을 수 없어 모든 것을 포기했다.' '국민소득은 증가하고 있음에도 국민 행복 지수가 상승하지 않는 것은 소득 증가가 반드시 인간의 행복으로 이어지는 것은 아니라는 반증이기도 하다.'처럼 사용한다.

'방증'은 '사실을 직접 증명할 수 있는 증거가 되지는 않지만, 주변의 상황을 밝힘으로써 간접적으로 증명에 도움을 줌. 또는 그 증거.'를 뜻한다.

'남보다 빨리 승진을 거듭한다는 것은 그가 남보다 뛰어난 능력을 가졌다는 방증이다.' '흉악 범죄가 늘고 있다는 것은 우리 사회의 병이 그만큼 깊다는 방증이다.' '뛰어난 성실함을 방증하듯 그는 취임 첫날부터 밤이 늦도록 대리점을 찾아다녔다.'처럼 사용하면 된다.

우리말 우리글

밥힘, 밥심

'사람은 밥심으로 살기 때문에 병을 이기려면 밥을 잘 먹어야 한다.'

힘을 내려면 반드시 탄수화물이 가득한 밥을 먹어야 한다. 그러나 밥을 먹으면 나는 힘은 '밥힘'이 아니라 '밥심'이다.

우리말에는 '힘'이 '심'으로 표현된 말이 많다. 예부터 '힘'과 더불어 '심'을 많이 사용해 왔다. 또한 강원도 등에서는 아직 '힘'과 함께 '심'을 사용하고 있는 등 '심'의 흔적이 많이 남아 있다.

오랫동안 '힘' 대신 '심'을 많이 써 한 단어로 굳어지는 바람에 '힘'을 붙여 쓰면 잘못된 단어가 되므로 주의해야 한다.

흔히 팔뚝의 힘, 팔의 힘을 언급할 때 '팔힘'이라고 하면 잘못된 말이다. '팔심'이라고 해야 바른말이다. '팔심이 세다, 팔심이 약해 무거운 것을 들 수가 없다.'처럼 사용한다. 주먹의 힘을 이야기할 때도 '주먹힘'이 아니라 '주먹심'이다.

또 말을 잘 하는 사람에게는 '입힘' 대신 '입심'을 써야 한다. '입심이 세서 말로는 당할 수가 없다. 회의 도중 입심으로 밀어붙여서 양보를 하고 말았다.'처럼 표현한다. 물론 '말하는 솜씨나 힘'을 뜻하는 '입담'을 써 '입담이 세다'라고도 한다.

이 외에 다리의 힘은 '다릿심', 남이 뒤에서 도와주는 '뒷심', 주로 하반신으로 쓰는 '아랫심', 허리의 힘 '허릿심' 등이 있다.

우리말 우리글

뱃속, 뼛속

'내시경은 뱃속을 들여다볼 수 있어 각종 암 검사에 널리 사용된다.'

'배의 속'과 '뱃속'을 구분하지 못한 표현이다. 내시경은 배의 속을 들여다볼 수 있으나 '뱃속(마음)'을 들여다볼 수는 없다. 따라서 배의 속 어느 곳을 말하기 위한 것이라면 '배 속'이라고 써야 하고, 속된 표현으로 마음을 뜻한다면 '뱃속'이라고 사용해야 한다.

'뱃속'은 '배의 속'이 줄어서 된 말이지만 사람의 마음을 속되게 뜻하는 말이다. 따라서 '어제와 달리 오늘은 저렇게 다정하게 말하고 있으니 도무지 저 사람 뱃속을 알 수가 없다.'처럼 사용해야 한다.

'뱃속을 들여다보다, 뱃속을 채우다, 뱃속이 검다.' 같은 관용구도 있다. 모두 마음을 의미한다.

비슷한 말 '뼛속'도 있다. '뼛속'은 뼈의 중심부인 골수 공간에 가득 차 있는 물질을 뜻한다. 또 마음속 깊은 곳을 비유적으로 이르는 말이다. '뼛속 깊이'라고 하면 정말 마음속 깊은 곳에서부터 우러나오는 그런 지경'을 뜻한다고 할 수 있다. 그래서 '생전에 어머니에게 효도하지 못한 것을 뼛속 깊이 후회한다, 뼛속에 사무치는 이별의 아픔.'처럼 사용한다.

우리말 우리글

본데없이, 본때없이

'이런 자리에서 본때없이 행동할 사람이 아닙니다.'

예의범절 없는 행동을 하면 '본때없이' '본떼없이' '본데없이' 등등이 섞여 사용된다. 그러나 예의범절 등을 거론할 때에는 '본데없이'가 바른말이다.

'본데'는 '보아서 배운 범절이나 솜씨 또는 지식'을 뜻한다. 따라서 '저 아이가 본데가 없는 것은 가정환경 때문이니 이해하십시오.' '역시 선대로부터 전수한 본데를 확인할 수 있는 요리 솜씨였습니다.'처럼 쓰면 된다.

한 단어로 굳은 형용사 '본데없다'도 있다. '보고 배운 것이 없다. 또는 행동이 예의범절에 어긋나는 데가 있다.'의 의미로 사용된다. '처음 만난 자리에서 본데없이 굴더라도 널리 양해 바랍니다.'처럼 쓴다.

'본때'는 '본보기가 되거나 내세울 만한 것. 맵시나 모양새'를 뜻한다. '그 사람 집안이 돈이나 명예 등 본때가 있는 것도 아닌데 왜 그러세요?', '줄이 제대로 서 있는 군복에서 군인의 본때가 묻어난다.' 등으로 사용한다.

'본데없이'는 한 단어라 붙여 쓸 수 있지만 '본때'는 '본때 없이', '본때가 없다'처럼 반드시 띄어야 함도 잘 알아두어야 한다.

'잘못을 다시는 저지르지 아니하거나 교훈이 되도록 따끔한 맛을 보이다.'를 뜻하는 관용구 '본때를 보이다.'도 있다. '성적도 안 좋은 녀석이 수업 시간에 너무 시끄럽게 떠들어서, 매를 들어 학생들 앞에서 본때를 보여 주었다.'처럼 사용한다.

우리말 우리글 부딪치다, 부딪히다

'부딪다'는 '무엇과 무엇이 힘 있게 마주 닿거나 마주 대다. 또는 닿거나 대게 하다'를 뜻한다. '부딪치다'는 어떤 동사의 어간에 붙어 그 동작의 힘줌을 나타내는 어간 형성 접미사 '치'가 '부딪다'에 더해진 것이다. '돋치다, 받치다, 넘치다'처럼 '치'가 붙어 사용된다.

부딪히다는 부딪다의 피동형으로서, 부딪음을 당하다의 의미이다.

이렇게 구분해도 막상 사용하려면 혼란스럽다. 상대(물건)에 의한 일방적인 것이냐, 아니냐로 구분하면 조금은 이해가 쉽다. 예문을 통해 정리해보자.

'마주오던 사람과 서로 부딪쳤다.'에서는 한 사람의 일방적인 행동이 아니라 서로가 지나가다 부딪은 것이므로 부딪친 것이다. '주차장에서 서로 먼저 빠져나오려는 차량들이 부딪치는 사고가 발생했다.' '그 동네 씨름 장사와는 언젠가 한번 부딪쳐야 된다.' 등이 같은 의미이다.

반대로 '비상등을 켜고 대기 중이던 승용차가 달려오던 화물차에 부딪혔다.'는 승용차는 가만히 있는데 화물차가 일방적으로 달려와 받아버린 것이니 피동의 의미가 사용된 것이다. '유가 인상이라는 복병에 부딪혀 어려움을 겪고 있다.' '길에 서 있다가 지나가던 자전거에 부딪혔다.'도 같은 형태다.

우리말 우리글

부문, 부분

지역 또는 전국 단위의 백일장 결과가 발표되거나 영화제가 방영되는 곳에는 '부문'을 사용해야 할 곳에 '부분'을 사용하는 등 허투루 사용하는 모습이 종종 발견된다. 글을 쓰는 기자들이나 사회자조차 더러 '부문과 부분'을 혼동해 바꾸어 사용해 버리니 보통 사람들의 실수는 말 그대로 부지기수다.

'부문(部門)'을 살펴보자. '부문'은 '일정한 기준에 따라 분류하거나 나누어 놓은 낱낱의 범위나 부분. 갈라놓은 부류'를 뜻한다. '부분(部分)'은 '전체를 이루는 작은 범위. 또는 전체를 몇 개로 나눈 것의 하나'이다.

따라서 백일장에서 시상을 할 때는 '중등부 산문 부문 1위는 홍길동'으로 써야 함에도 '산문 부분 1위는 홍길동'으로 바꾸어 사용한다. 영화제에서도 마찬가지다. '감독상 부문, 남우 주연상 부문, 여우 주연상 부문' 등으로 써야 함에도 '감독상 부분, 남우 주연상 부분' 등으로 엉터리로 쓰는 경우가 많다.

'부분'을 보자. 컴퓨터 화면 전체를 몇 개로 나누면 '윗부분, 가운데 부분, 아랫부분' '왼쪽 부분, 오른쪽 부분' 등으로 나뉜다. 동태 한 마리를 칼로 자르면 대충 머리 부분, 몸통 부분, 꼬리 부분 등으로 나뉜다. 부분은 이런 의미로 사용되므로 '부문'과 혼동하지 말자.

우리말 우리글

부비다, 비비다

"눈을 부비며 일어나는 아기의 모습이 예쁘다고 하지만 저렇게 얼굴에 부비고 하면 건강에 좋지 않을 것 같은데."

물체를 마주 대고 문지르거나 신체 부위를 서로 문지르거나 하는 행위를 두고 많은 사람이 '부비다'를 사용한다. 그러나 '부비다'라는 말은 없다. '비비다'가 바른말이다.

'비비다'는 '두 물체를 맞대어 문지르다.' '송곳 등으로 구멍을 뚫으려고 이리저리 돌리다.' '뭉쳐지도록 두 손바닥 사이에 넣고 문질러 돌리다.' '어떤 재료에 다른 재료를 넣어 한데 버무리다.'의 뜻이다.

따라서 위의 글은 "눈을 비비며 일어나는 아이의 모습이 예쁘다고 하지만 저렇게 얼굴에 비비고 하면 건강에 좋지 않을 것 같은데."라고 써야 옳다.

그런데 많은 젊은이가 '비비다' 대신 '부비다'를 쓰고 있으며, 이로 인해 '부비부비'라는 말이 표준말처럼 아주 많이 사용된다. 신체를 서로 마주 대고 춤을 추거나 그러한 행동을 보이면 '부비부비'라고 표현한다. 나이트 클럽 같은 곳에서 남녀가 붙어서 춤을 추면 '부비부비 춤'이라고 한다. 그러나 젊은이가 사용하는 은어일 뿐 바른말이 아니므로 '부비다'와 '부비부비'는 잊어버려야 한다.

우리말 우리글 부셔 버리다, 부숴 버리다

'장난삼아 던진 작은 돌멩이가 장독을 부셔 버리자 영수는 두려움에 갑자기 울음을 터뜨렸다.'

어떠한 배경이나 사정을 안고서, 둔기나 단단한 물건으로 물건을 두드려 깨뜨릴 경우 우리는 흔히 부셔 버린다고 한다. 그러나 위 글의 '부셔 버리다'는 '부숴 버리다'의 잘못이다.

'부수다'는 '단단한 물체를 여러 조각이 나게 두드려 깨뜨리다, 만들어진 물건을 두드리거나 깨뜨려 못 쓰게 만들다.'의 뜻을 가지고 있으며, '부수어, 부숴, 부수니' 등으로 활용된다. 따라서 흔히 사용하는 '부셔 버리다'는 전혀 다른 뜻을 의미하므로, '부숴 버리다'로 써야 된다.

'부시다'를 살펴보자. '그릇 따위를 씻어 깨끗하게 하다, 빛이나 색채가 강렬하여 마주 보기가 어려운 상태에 있다.'를 뜻하는 '부시다'는, '부시어, 부셔, 부시니'로 활용해 쓴다.

따라서 '부수다'와는 전혀 다른 말임을 알 수 있다. 장독은 물걸레 또는 수세미 등으로 깨끗이 부시는 것이지, 돌멩이로 부실 수 있는 것이 아니다.

다른 이에게 위협을 할 때에도 '부숴 버릴 거야'라고 바른말을 써야 위협을 느끼지, '부셔 버릴 거야'라고 하면 무엇을 깨끗이 씻어 주려고 저러나 싶어 겁을 내지도 않을 것 같다.

부쳐, 붙여

'붙여'와 '부쳐'는 발음이 비슷해 많이들 혼란스러워 한다.

'붙이다'는 '서로 맞닿아 떨어지지 않게 하다, 불을 딴 곳으로 옮겨 붙게 하다, 노름 싸움 흥정 등을 어울리게 하다' 등 여러 가지 의미로 사용된다.

'우표를 붙이다, 싸움을 붙이다, 횃불을 붙이다, 취미를 붙이다, 보디가드를 붙이다' 등으로 사용된다. '소매를 걷어붙이다, 밀어붙이다, 쏘아붙이다'도 '걷어부치다, 밀어부치다, 쏘아부치다'로 흔히 잘못 사용하는 경우가 많다.

'부치다'는 '모자라거나 미치지 못하다. 편지나 물건 따위를 일정한 수단이나 방법을 써서 상대에게로 보내다. 어떤 문제를 다른 곳이나 다른 기회로 넘기어 맡기다. 어떤 행사나 특별한 날에 즈음하여 어떤 의견을 나타내다.' 등의 의미를 갖는다.

따라서 '힘에 부쳐 선두권에서 뒤처지기 시작했다, 편지를 부치다, 비리 사건을 징계위원회에 부치다, 승진 인사 내용을 다음날까지 직원들에게 극비에 부치다, 한글날에 부쳐 쓴 장문의 칼럼' 등으로 사용한다.

'어떤 행사나 특별한 날에 즈음하여 어떤 의견을 나타내다'는 의미로 '개천절에 부쳐, 어린이날에 부쳐' 등으로 활용한다.

우리말 우리글 붇다, 불다

라면이 불어 버리면 맛이 없다. 적당히 삶아야 한다. '라면이 불다'는 잘못된 말이다. 너무나 많은 사람들이 잘못 사용해 바른말처럼 보이겠지만 '라면이 붇다'가 바른말이다.

우리말 '붇다'와 '불다'를 살펴보자. '붇다'와 '불다'는 활용형 때문에 아리송하지만 반드시 구분해 써야 한다.

'붇다'는 '물에 젖어서 부피가 커지다, 분량이나 수효가 많아지다.'가 그 뜻이다. 국수나 라면은 붇는 것이며, 체중 또한 붇는 것이다.

착각은 '붇다'의 활용형 때문에 발생한다. '붇다'는 '불어, 불으니, 붇는' 등으로 활용된다. 그래서 '체중이 불어 옷이 맞지 않는다. 물이 불으니까 배 타려는 사람들이 모두 포기하고 돌아갔다.'처럼 사용한다. 하지만 '붇다'를 '불다'로 쓸 수 없는 것처럼 '붇지, 붇는'이라고 써야 할 것을 '불지, 부는' 등으로 잘못 사용하면 안 된다.

'불다'는 '바람이 일어나서 어느 방향으로 움직이다.' '유행, 풍조, 변화 따위가 일어나 휩쓸다.' '입을 오므리고 날숨을 내어보내어, 입김을 내거나 바람을 일으키다.' 등을 뜻한다.

우리말 우리글

빌어, 빌려

“이 자리를 빌어 여러분께 감사의 말씀을 전합니다.”

한 해의 영업 실적을 평가하고, 치하하는 한 행사장에서 나온 사장님의 인사말이다. 그러나 이 말은 바른말이 아니다. 바른말은 ‘이 자리를 빌려’가 맞다.

행사를 통해서 감사의 뜻을 전하는 것이므로 ‘빌어’가 아니라 ‘빌려’가 바른 사용이다. 수많은 행사장에서 쉽게 들을 수 있는 잘못된 말이며, 방송을 진행 중인 사회자도 아차 하면 내뱉는 실수이기도 하다.

좀 더 뜻을 분명히 살펴보자. 동사 ‘빌다’는 ‘바라는 바를 이루게 하여 달라고 신이나 사람, 사물 따위에 간청하다. 잘못을 용서하여 달라고 호소하다.’ 등의 뜻을 가지고 있다. 활용형으로 ‘빌어, 비니, 비오’ 등을 사용한다. 따라서 위의 예문에는 사용될 수 없음을 알 수 있다.

‘빌리다’를 보자. ‘남의 물건이나 돈 따위를 나중에 도로 돌려주거나 대가를 갚기로 하고 얼마 동안 쓰다. 남의 도움을 받거나 사람이나 물건 따위를 믿고 기대다. 일정한 형식이나 글 따위를 취해 따르다.’ 등의 의미를 갖고 있다. ‘빌리어(빌려), 빌리니’ 등으로 활용해 쓴다.

‘이 자리를 빌려’와 마찬가지로 ‘성경을 빌려 말씀 드리니, 그의 표현을 빌려 보면, 이 기회를 빌려 말하면’ 등으로 활용하면 된다.

우리말 우리글 빨강색, 빨간색

"나는 빨강색이 참 좋아서 옷은 물론 신발, 장갑, 지갑 등 대부분 물건이 빨강색이다. 이것 봐라, 사탕도 빨강색이다." "그렇구나. 나는 노랑색을 좋아한단다. 너처럼 나도 노랑색 연필, 노랑색 필통, 노랑색 우산 등 모두가 노랑색이야."

색깔을 이야기할 때에 많은 사람들이 빨간색, 빨강색, 노란색, 노랑색 파란색, 파랑색 등으로 아무렇게나 섞어 사용하지만 구분해야 한다. 위의 글은 '빨간색' '노란색'이 바른말이며, 색을 떼고, '빨강' 또는 '노랑'이라고 사용해도 바른말이다.

'빨간색'을 예로 살펴보자. '빨간색'은 말 그대로 '피나 익은 고추와 같이 밝고 짙은 붉은색'을 말한다. '빨강'은 '빨갛다'에서 온 말로서, '빨간 빛깔이나 물감'의 뜻을 갖고 있다. 따라서 '빨강'은 이미 '빨간색'을 뜻하고 있으므로 '빨강'에다가 '색'을 덧붙여서 사용하면 이중의 의미를 갖게 됨을 명심해야 한다. '역전 앞'처럼 중복된 의미를 사용하는 꼴이다.

파랑색, 노랑색 등 무심코 사용하는 이 말들도 다 잘못 사용되고 있는 말이다. '파란색' '노란색' 또는 '파랑' '노랑'이 옳은 말이다.

하나의 색을 말할 때는 한 단어로 쓰면 된다. '빨간색' '노란색' '하얀색' 등은 한 단어이다. 그래서 '빨간색 우산' '빨강 우산' '빨간 우산'이라고는 해도 '빨강색 우산'이라는 말은 사용하지 않아야 한다.

우리말 우리글 빨리, 일찍

'영업 실적이 부진하니 내일부터 한 시간 빨리 출근합시다.'

의욕이 충만한 한 과장이 부장의 인정을 받기 위해 직원들의 조기 출근을 유도하고 있다. 그러나 바른말이 아니라 상대를 설득하기 어려울 듯싶다.

'한 시간 일찍 출근합시다.'로 써야 옳다. 평소 9시 출근이었으니 한 시간 이전, 즉 8시에 출근하자는 의미이므로 '빨리' 대신 '일찍'을 써야 하는 것이다.

'빨리'와 '일찍'을 살펴보자. '빨리'는 부사로서, '걸리는 시간이 짧게'를 뜻한다. 그래서 '빠르다, 느리다'처럼 속도와 관련돼야 한다.

그래서 '빨리 뛰다, 빨리 늙다, 숙제를 빨리 끝내다, 사건의 진상을 빨리 파악해 내다, 세월이 참 빨리 지나간다.'처럼 쓴다. '~하다'가 붙으면 '걸리는 시간이 짧게 하다'를 뜻하는 동사 '빨리하다'가 된다. '숙제를 빨리하다, 과제를 빨리하다.'처럼 쓰면 된다.

'일찍'은 '일정한 시간보다 이르게'를 뜻한다. 같은 말로는 '일찍이'가 있다. '평소보다 일찍 귀가했다, 그는 다음날 중요한 일을 앞두고 있으면 일찍 잠자리에 든다, 그는 부모를 일찍 여의었다.'처럼 쓴다.

계절도 마찬가지다. '봄이 빨리 왔다, 여름이 빨리 왔다' 등으로 흔히 '빨리'를 쓰는 경우가 많다. 그러나 봄이나 여름이 오는 속도를 이야기하는 것이 아니라 지난해 또는 예전의 그 즈음보다 앞서 왔음을 말하는 것이므로 '봄이 일찍 왔다, 여름이 일찍 왔다'처럼 사용해야 바른 표현이다.

우리말 우리글

뺏았다, 뺏었다

'그가 내 돈을 뺏았다.'

돈이 됐든, 좋은 조건이나 지위가 됐든, 누군가에게 무엇을 뺏기는 것은 결코 바람직스럽지 않은 일이다. 위 예문은 '돈을 뺏었다.'가 바른말이다.

한글맞춤법 제16항은 '어간의 끝음절 모음이 'ㅏ, ㅗ'일 때에는 어미를 '–아'로 적고, 그 밖의 모음일 때에는 '–어'로 적는다.'고 규정하고 있다.

따라서 '빼앗다'의 준말 '뺏다'는 어간의 끝음절 모음이 'ㅐ'이다. 그러므로 어간의 끝음절모음이 'ㅏ, ㅗ'가 아닌 경우에 해당하므로 뒤의 어미는 '-어'가 와야 한다. 따라서 '뺏았다'가 아니라 '뺏었다'가 바른말이다. '뺏어, 뺏어서, 뺏었다' 등으로 활용된다.

그러나 '빼앗다'를 원형 그래도 사용하는 경우에는 달리 적용된다. '뺏다'와 달리 '빼앗다'는 어간의 끝음절 모음이 'ㅏ'이므로, 과거형으로 쓰려면 '빼앗었다'가 아니라 '빼앗았다'로 써야 한다.

'그래, 맞어'라고 맞장구를 칠 때 흔히 사용하는 '맞어'도 같은 경우다. '맞다'의 어간 끝음절 모음이 'ㅏ'이므로 뒤에는 'ㅏ'가 와야 한다. 그래서 '맞어 맞어'라며 '맞어'를 쓰는 경우가 많지만 '맞아'를 써야 하는 것이다.

이 같은 규칙은 모음조화 현상에 의한 것으로, 이미 굳어져 사용되는 특별한 예외를 제외하고는 모두 이 규칙을 따라야 한다.

우리말 우리글

사단이 났다

'주변의 거듭되는 경고에도 사전 점검조차 하지 않고 내버려 두더니 결국 사단이 났다.'

문제가 발생하거나 탈이 나면 흔히 '사단이 났다'라는 표현을 쓴다. 하지만 바른말이 아니다. 비슷한 발음 탓에 많은 사람들이 잘못 사용하고 있으나 반드시 구별해 써야 한다. 위의 글은 '결국 사달이 났다'가 바른말이다.

'사달'은 '사고나 탈'을 뜻하는 순우리말이다. '사달나다'라는 한 단어는 없으므로 '사달 나다'처럼 띄어 쓰면 된다. 또 사고나 탈이므로 주로 '이, 을' 등의 조사와 더불어 '사달이 나다, 사달이 일어나다, 사달을 일으키다, 사달을 초래하다, 사달을 만들다, 이번 사달의 장본인'처럼 사용한다.

그러나 '사단(事端)'은 '사건의 단서. 또는 일의 실마리'를 뜻한다. 따라서 '사건의 단서나 일의 실마리'란 뜻에 '나다'라는 단어가 어울릴 수가 없다.

그래서 '증거 하나 없는 의문의 살인 사건을 해결하기 위해 그는 하루 종일 사무실에 박혀 사단 찾기에 집중하고 있다, 사단을 구하는 것이 네가 가장 먼저 해야 할 일이다'처럼 사용하면 된다.

우리말 우리글

삭이다, 삭히다

'울분을 삭히고 제발 주위를 좀 둘러보세요. 모두 당신을 쳐다보고 있습니다.'

화가 난 사람을 진정시키는 것은 참 어려운 일이다. 그러면 말이라도 바르게 해야 하는데 모두 그렇지 못하다. 화가 난 사람의 울분은 삭히는 것이 아니라 삭이는 것이다. 따라서 위의 글은 '울분을 삭이고'로 써야 옳다.

'삭다'의 사동형 '삭이다'는 '긴장이나 화가 풀려 마음이 가라앉다, 분한 마음을 가라앉히다, 먹은 음식을 소화시키다, 돈 시간 힘 따위를 써 버리다'의 뜻이다.

그래서 '야단법석을 떨던 그는 결국 냉수 한 사발을 벌컥 들이켜고는 분을 삭였다.' '그는 밥을 한 그릇을 먹든, 세 그릇을 먹든 10분이면 삭이고, 또 먹습니다.' '여자 꾀는 일에 온 힘을 다 삭였다.'처럼 쓰면 된다.

'삭히다'를 살펴보자. '삭히다'는 '삭다'의 사동형으로서 '김치나 젓갈 따위가 발효되어 맛이 들게 하다.'의 뜻이다. '새우젓을 1년 동안 굴속에서 푹 삭혔더니 맛이 아주 좋다, 삭힌 홍어 맛에 빠져 다른 반찬은 쳐다보지도 않는다.'처럼 쓰면 된다.

우리말 우리글

삼가해 주세요

'공공장소에서는 고성방가를 삼가해 주십시오.' '아이들이 많이 모이는 곳이니 제발 음주를 삼가해 주세요.'

공공장소에서 쉽게 발견할 수 있는 문구이거나, 또는 여러 장소에서 주위 사람들에게 당부할 때 사용하는 말로서, 잘못 사용되는 말 중의 하나이다. 윗글은 모두 다 '삼가 주십시오, 삼가 주세요' 등으로 사용해야 바른말이다.

'삼가다'는 '몸가짐이나 언행을 조심하다.' '꺼리는 마음으로 양(量)이나 횟수가 지나치지 아니하도록 하다.'의 뜻을 가진 동사이다. '삼가하다'가 아니라 '삼가다'가 표준말이다. 그런데도 많은 사람들이 '삼가하다'로 잘못 이해해 '삼가다'보다 더 많이 사용하는 말이 되고 말았다. '삼가다'는 동사이므로 다시 '하다'를 붙여 동사로 만들어서는 안 된다.

'토론의 활성화를 위해서는 타인의 의견을 부정하는 표현을 삼가야 한다. 공공장소에서는 고성방가를 삼가는 것이 마땅합니다. 핸드폰 사용을 삼가 주세요.' 등이 바른 사용의 예다.

'삼가'는 '겸손하고 조심하는 마음으로 정중하게'의 뜻을 가진 부사다. 그래서 '삼가 말씀 드리오니 널리 헤아려 주시기 바랍니다.' '삼가 명복을 빕니다.' 등으로 사용한다.

우리말 우리글

삼수갑산, 산수갑산

'산수갑산을 가더라도 이 일은 내 뜻대로 할 것이다.'

흔히 어떤 위험을 무릅쓰고라도 일을 밀어붙일 때 쓰는 관용구가 있다. 윗글처럼 '산수갑산'이 아니라 '삼수갑산(三水甲山)'을 써야 한다.

'삼수갑산(三水甲山)'은 표준국어대사전에는 '우리나라에서 가장 험한 산골이라 이르던 삼수와 갑산. 조선 시대에 귀양지의 하나였다.'라고 밝히고 있다.

'삼수(三水)'는 함경남도 삼수군에 있는 면의 이름으로서, 삼수군의 군청 소재지다. 압록강의 지류에 면해 있다.

'갑산(甲山)'은 함경남도 갑산군에 있는 면이며, 갑산군의 군청 소재지다. 개마고원의 중심부로, 교통이 불편하고 바다에서 멀리 떨어져 있어서 특유의 풍토병(風土病)이 있다.

풀이처럼 삼수와 갑산은 귀양살이에 어울리는 오지 중의 오지로서, 정말 가고 싶지 않은 곳이다. 그래서 '삼수갑산을 가더라도, 삼수갑산을 가는 한이 있어도, 삼수갑산을 갈지언정' 등의 관용구 형태로 '자신에게 닥쳐올 어떤 위험도 무릅쓰고라도 어떤 일을 단행할 때 하는 말'로 사용된다.

흔히 '산수갑산'이라 잘못 쓰는 것은 우리말 '산수(山水)' 때문이 아닌가 싶다. 그러나 '삼수갑산'이라 써야 옳다.

우리말 우리글

상습 침수 지역

‘상습 침수 지역, 상습 사고 다발 지역, 상습 교통 정체 구간’ 등 ‘상습’이 수식어로 많이 사용된다. 그러나 이는 바른 표현이 아니다.

‘상습(常習)’은 ‘항상상(常)’과 ‘익힐습(習)’이 한 단어가 된 것이다. 사전을 빌리면 ‘늘 하는 버릇’이란 뜻이다.

남의 물건이나 재산을 상습적으로 훔치는 행위를 ‘상습절도(常習竊盜)’, 이렇게 하는 사람을 ‘상습절도범(常習竊盜犯)’이라 한다. 또 도박을 일삼는 행위를 ‘상습 도박(賭博)’이라 하고, 일정한 행위를 상습적으로 해 성립된 범죄나 그 범인을 상습범(常習犯)이라 한다.

다시 말해 ‘상습’은 사람이나 동물의 반복된 행동이나 습관, 버릇 등을 나타내고자 할 때 쓰이므로, 사람의 반복된 행동이나 버릇과 무관한 말에는 붙여 사용하는 것을 금해야 옳다.

그런데도, 다양한 매체를 통해 등장하는 ‘상습’은 ‘상습 침수 지역’도 모자라 ‘상습 사고 다발 지역, 상습 교통 정체 구간, 안개 상습 지역’ 등 상습을 남발하는 것을 어렵지 않게 확인할 수 있다.

‘침수, 사고 다발, 교통 정체, 안개’ 같은 단어는 ‘사람의 계속되는 행동이나 버릇’과는 직접 관련이 없으므로, 함께 사용될 수 없음을 명심하자.

따라서 위 예문 ‘상습 침수 지역’은 ‘잦은 침수 지역’ 또는 ‘침수 잦은 지역’ 등으로 고쳐 써야 바른 표현이다. ‘상습’은 ‘상시’로 대체되기도 하지만 ‘늘’로 순화해 사용하는 것이 바람직하다.

우리말 우리글

설레다, 설레이다

연분홍 자태를 뽐내며 흐드러지게 핀 진달래가 온 산을 지천으로 물들이고, 우거지는 신록이 눈부셔 감탄사를 연발하는 5월 이즈음. 봄 처녀의 가슴은 설렐까, 설레일까.

'설레다'는 '마음이 가라앉지 아니하고, 들떠서 두근거리다, 가만히 있지 아니하고 자꾸만 움직이다, 물 따위가 설설 끓거나 일렁거리다'는 뜻으로 쓰인다.

봄 처녀의 가슴은 절대 설레일 수 없다. '설레다'가 표준말이고, 명사형은 '설렘'이기 때문이다. '설레다'는 무엇인가에 의해 들뜬 마음을 표현한다. 따라서 이미 사동의 뜻을 갖고 있으므로 이러한 단어에 억지로 '이'를 붙여 사동사로 만들 수는 없다.

설레다가 '설레이다'로 허투루 사용되는 빈도가 너무 많다 보니 언젠가 '설레임'이라는 모 제과 회사의 식품이 등장하기도 했다. 어법에 맞지 않은 말을 더 많이 사용하게 만든 점에서는 국내 대표적 제과 회사가 큰 실수를 한 것 같다.

이와 비슷한 잘못된 쓰임새도 더러 있다. 비나 눈이 그쳐 날이 맑아질 때 '날이 개다'로 사용해야 하지만 어김없이 '개이다'로 사용된다. '갠 하늘'이라고 해야 할 표현이 '개인 하늘'로 잘못 사용되고 있다. 이렇게 어법도 모른 채 이리저리 헤매다 보니 '헤매다'가 '헤매이다'로 잘못 쓰인다.

우리말 우리글

세 되, 석 되

수관형사는 의존명사인 단위 앞에서 사물의 수나 양을 나타낸다. 그런데 단위를 나타내는 말 중에는 특별한 수관형사만을 써야 하는 경우가 있다.

돈이나 쌀, 길이 등을 잴 때 쓰는 '냥, 되, 섬, 자'와 반지나 쌀 등의 단위로 사용되는 '돈, 말, 발, 푼' 등이 그러하다.

위의 글은 '석 되'가 바른말이다. '냥, 되, 섬, 자'는 '셋'과 '넷'의 수량을 표현하고자 할 경우 반드시 수관형사 '석'과 '넉'을 사용해야 한다. '석 냥, 넉 냥, 석 되, 넉 되, 석 섬, 넉 섬, 석 자, 넉 자'로 써야 옳다.

흔히 쓰고 있어 혼란스럽겠지만 만약 '세 냥, 네 냥, 세 되, 네 되, 세 섬, 네 섬, 세 자, 네 자'라고 쓰면 모두 틀린 말이다.

'돈, 말, 발, 푼'은 다른 경우이다. '서'와 '너'를 사용해야 한다. '서 돈, 너 돈, 서 말, 너 말, 서 발, 너 발, 서 푼, 너 푼'이라고 써야 바른말이다. 이것을 '세 돈, 석 돈, 네 돈, 세 말, 네 말' 등으로 쓰면 표준어가 아니다.

이 규칙은 표준어규정 제17항 '비슷한 발음의 몇 형태가 쓰일 경우, 그 의미에 아무런 차이가 없고, 그중 하나가 더 널리 쓰이면, 그 한 형태만을 표준어로 삼는다.'는 규칙을 따르기 때문이다.

그러나 이 규칙은 위에 언급한 대로 '냥, 되, 섬, 자'와 '돈, 말, 발, 푼'의 경우, 셋과 넷의 수량을 표현할 경우에만 적용된다. 따라서 나머지 단위 앞에서 수관형사는 띄우기만 하면 자유롭게 사용할 수 있다.

우리말 우리글 '수게, 숫게', '숫벌, 수벌'

다들 맛있게 먹는 게의 수컷은 '수게'가, 벌의 수컷은 '수벌'이 바른말이다. 흔히들 '숫게'와 '숫벌, 수펄' 등으로 잘못 사용해 바른말 '수게'와 '수벌'을 쓰면 오히려 잘못 사용된 것으로 착각할 정도이다.

한글맞춤법에 따르면 생물의 수컷을 나타내는 접두사의 경우 '수'와 '숫'으로 나뉜다. 우선 '숫'은 '양, 염소, 쥐'에게만 '숫'을 붙여 '숫양, 숫염소, 숫쥐'로 사용하며, 나머지는 모두 '수'를 사용해야 한다고 규정돼 있다. 따라서 흔히 잘못 사용하는 '숫놈' '숫소' 등은 모두 '수놈' '수소'로 바꿔 사용해야 한다.

그러나 수에 붙는 단어들은 상당수가 거센소리 때문에 변형되므로 불편해도 잘 외워야 한다. 개의 수컷은 수개가 아니라 '수캐'이다. 따라서 암컷은 '암캐'라고 써야 한다. 이와 마찬가지로 돼지는 '수퇘지, 암퇘지', 병아리는 '수평아리, 암평아리' '닭은 '암탉, 수탉'으로 쓴다. 이 외에도 수탕나귀, 수캉아지 등이 그러하다.

나머지는 생물의 수컷을 나타내는 접두사 '수'를 붙여 '수소, 수꿩, 수노루, 수벌, 수토끼, 수말' 등으로 사용하면 된다. 또한 남성적, 능동적 특성을 반영해 비유적으로도 사용된다. '수키와, 수톨쩌귀, 수나사, 수무지개 등이 있다.

우리말 우리글

승전보를 울리다

스포츠 경기 또는 여러 형태의 경쟁에서 이기게 되면 흔히 '축구 국가대표팀이 승전보를 울렸다.' 같은 표현을 쓴다. 그러나 '승전보'는 의미를 잘못 이해한 데서 오는 잘못된 표현이다. '승전고(勝戰鼓)를 울리다'가 바른 표현이다.

'승전보(勝戰譜)'는 '싸움에 이긴 경과를 적은 기록'을 뜻한다. 따라서 승리의 기쁨에 취해 싸움에 이긴 경과와 기록을 내세우며 자랑할 수는 있겠으나 그 기록을 울릴 수는 없는 일이다. '승전보'는 기록이므로 누구에게 승전보를 전하거나 남기는 것은 가능하다.

'승전고(勝戰鼓)'는 '싸움에 이겼을 때 울리는 북'이다. '승고(勝鼓)'라고도 한다. 예부터 전장에 나간 부대는 군사를 일사불란하게 지휘 통솔하거나 힘찬 북소리로 사기를 북돋우기 위한 도구로 북을 활용했다. 물론 전쟁에서 이기게 되면 승리의 소식을 힘찬 북소리에 실어 모두에게 알린다. 이때 울리는 북이, 승리의 북소리가 '승전고'이다.

'승전고를 울려 승리의 소식을 알렸다.'처럼 사용하면 된다. 물론 요즘은 북을 사용하지 않더라도 '승전고를 울리다'가 '승리의 소식을 알리다, 승리했다'의 의미로 널리 쓰인다. '축구 국가대표팀이 승전고를 울리며 귀국했다'처럼 사용한다.

우리말 우리글 시덥지 않다, 시답지 않다

'성적을 5등이나 끌어올려 기쁜 마음으로 집에 왔는데 엄마는 시덥지 않은 표정을 지으며 아무런 칭찬도 하지 않아 기분이 좋지 않았습니다.'

'진인사대천명(盡人事待天命)'이라고 최선을 다한 아이에게는 성적 향상의 유무에 관계없이 우선 칭찬이 필요한 것이다. 더 잘하지 못한 것이 아쉬워 떨떠름한 표정을 지어서는 곤란하다. 위 표현은 '시덥지 않은'이 아니라 '시답지 않은'이 바른 표현이다.

'시답다'는 '형용사'로서, '시답지 않다' '시답지 못하다' 등의 구성으로 주로 쓰이며, '마음에 차거나 들어서 만족스럽다'가 뜻이다.

'시덥다'라는 말은 없는 말이지만 바른말로 착각해 대개 '시덥지'를 사용하곤 한다. '시덥다'가 없는 말이므로 '시덥지 않다' '시덥지 못하다'를 활용해서는 곤란하다.

따라서 '외국 선수들은 은메달만 목에 걸어도 기뻐 어쩔 줄 모르는데 한국 선수들은 금메달을 놓친 서러움에 항상 시답지 않은 표정을 짓거나, 눈물을 흘리곤 하지요.' '시답지 못한 선물이라도 주는 사람의 성의를 생각해서 밝은 표정으로 받는 것이 예의지요.'처럼 사용하면 옳다.

우리말 우리글

시려워, 시려

'손이 시려워 꽁, 발이 시려워 꽁, 겨울바람 때문에, 꽁 꽁 꽁, 어디서 이 바람이 불어왔는지…'

어린 시절 자주 부르던 동요 '겨울바람'의 노랫말이다. 어린 시절 동요에 나온 대로 노래를 따라 부르다 보니 '시려워'라는 말이 입에 배게 됐고, 이 말이 바른말로 잘못 알고 있는 경우가 많다. 하지만 '시려워'는 사전에 없는 잘못된 말이다.

'몸의 한 부분이 찬 기운으로 인해 추위를 느낄 정도로 차다. 찬 것 따위가 닿아 통증이 있다. 빛이 강하여 바로 보기 어렵다.' 등의 뜻으로 쓰이는 말은 '시리다'이다. 이 말은 '시리다, 시렸다, 시리어, 시려, 시리니, 시리고' 등으로 활용된다.

추운 날 아이들이 내뱉는 말은 모두 '손 시려워요, 발 시려워요, 손 시려워 죽겠어요, 발시려워요, 빨리 집에 가요.' 등으로 십중팔구는 잘못 사용하는 경우다.

'시리다'를 분명히 알아두고, 아이들에게 동요가 잘못된 것임을 분명히 지적해 준다면 좋을 듯하다. '손 시려워요.'라고 말하면 '손이 시리어요, 손 시려요.'라고 써야 옳다고 바로잡아 주자.

우리말 우리글 시옷, 시읏, 지옺, 지읏

'시읏이야? 시옷이야?'는 질문에 선뜻 답하지 못하는 경우가 많다.

'낫 놓고 'ㄱ(기역)'자도 모르냐?'란 말이 있다. 너무나 쉬운 문제를 풀지 못하는 사람에게 던지는 지청구다. 하지만 정말 쉬워도 모르고, 잘못 사용하는 것이 우리말, 우리글이다.

누구나 다 아는 것 같지만 아니다. 우리말 '자음' 열네 글자조차 바르게 읽지 못하고, 바르게 적지 못하는 경우가 많다. 웬 초등학생 교육하느냐고 기분이 상할 수 있으나 실상이 그러하다.

쉽게 생각해서, 별 문제 없이 읽다 보니 그런 것이지만 많은 사람들이 특히 틀리는 경우가 위의 글이다. 위 글은 'ㅅ(시옷)', 'ㅈ(지읒)'이 바른말이다.

첫 글자 'ㄱ'도 '기억, 기윽' 등으로 잘못 적는 경우를 흔히 발견할 수 있으며, 'ㅌ(티읕)'을 '티긑'이라고 적는 경우도 허다하다. 분명히 알아 두자. '기역'이고, '티읕'이다.

우리 자음은 앞의 첫 글자 자음이 뒤의 글자 받침으로 사용되고 있음을 기억해 두면 적을 때 아리송할 일이 없을 것이다.

열네 글자는 다음과 같다. 'ㄱ(기역), ㄴ(니은), ㄷ(디귿), ㄹ(리을), ㅁ(미음), ㅂ(비읍), ㅅ(시옷), ㅇ(이응), ㅈ(지읒), ㅊ(치읓), ㅋ(키읔), ㅌ(티읕), ㅍ(피읖), ㅎ(히읗)'

우리말 우리글 심란하다, 심난하다

마음이 어수선하고 혼란스러운 경우를 두고, 흔히 '심란하다'와 '심난하다' 둘 중 어느 것을 써야 할지 고민이 많은 것 같다. 특히 인터넷이나 SNS 이용자들이 좀 더 심하다. 발음이 같은 단어라고는 하나 그 뜻이 다르므로 가려 써야 한다. 마음이 어수선하고 혼란스러울 때 쓰는 바른말은 '심란(心亂)하다'이다.

'심란(心亂)하다'는 '마음이 어수선하다'를 뜻한다. '아들의 사고 소식에 한동안 심란한 마음을 다잡을 길 없어 결국 모든 일을 망치고 말았다, 공부는 하지 않았는데 시험이 다가오자 마음이 심란해졌다.'처럼 사용하면 된다. '심산하다(心散)'를 써도 비슷한 표현이다.

'심난(甚難)하다'는 전혀 다른 뜻을 갖고 있다. '매우 어렵다.'가 그 뜻이다. '지금이야 잘 살고 있으나 몇 해 전만 해도 끼니를 걱정하던 심난한 형편이었다, 배운 것도 없이 어려운 가정 형편에서 성장한 그가 성공을 한다는 것은 심난한 일이 아닐 수 없었다.'처럼 쓴다. 비슷한 말로 '지난(至難)하다'가 있다.

'심란(心亂)'과 '심난(甚難)'은 한자 풀이로 이해하면 분명하고, 편하다. '마음(心)이 어지럽다(亂)'가 '심란'이고, '심하게(甚) 어렵다(難)'가 '심난'이다.

우리말 우리글

썩히다, 썩이다

"어릴 때부터 얼마나 부모 속을 '썩혔던지' 김 씨 부모는 일찍 세상을 떠났다. 너도 속 좀 그만 '썩히고' 이제 집에 들어오너라."

위 대화에 나오는 '썩히다'는 잘못 사용한 것이다. 부모 속은 썩히는 것이 아니라 썩이는 것이다. 따라서 '썩였던지' '썩이고'로 써야 옳은 말이다.

우선 사전을 빌려 '썩다'의 뜻부터 살펴보자. '물질이 부패균에 의해 본질이 변해 나쁜 상태가 되다, 사용되지 않고 묵다, 좋은 재주 능력을 발휘하지 못하다, 사상이 건전하지 못하다, 걱정이나 근심 따위로 마음이 몹시 상하다.'의 뜻을 지닌다.

'썩이다'와 '썩히다'는 둘 다 '썩다'의 사동형이다. 그러나 잘 가려서 사용하지 않으면 전혀 다른 뜻이 된다.

우선 '썩이다'는 걱정, 근심 따위로 마음을 상하게 되는 경우에 사용됨을 명심하자. 그래서 '자식 둘이 매일 밤, 늦게 들어오며 속을 썩이는 바람에 화병이 생겼다, 쓸 곳은 많은데, 수금이 되지 않아 하루 종일 골머리를 썩이고 있었다.' 등으로 사용하면 된다.

나머지의 경우는 다음의 예처럼 '썩히다'를 사용하면 된다. '제때 먹지 않아 비싼 생선 한 상자를 모두 다 썩혔다, 잠깐만 손을 보면 되는데 게을러서 오토바이를 수개월 동안 창고에 썩히고 있다, 계파가 다르다는 이유로 중용하지 않아 오랫동안 시골에서 재주를 썩히고 있으니 참 안타깝다.'

우리말 우리글

쏘냐, 소냐

'60대지만 매일 운동으로 단련된 몸인데 100m 경주에서 너에게 질쏘냐?'

경쟁이 붙으면 엉뚱한 자존심이 솟아난다. 이런 경우에 위 예문처럼 반드시 이길 수 있을 것이라는 믿음 아래 강하게 부정하며, '질쏘냐?'를 사용하게 되는데 '너에게 질쏘냐?'가 바른말이다. '너에게 질소냐?'처럼 '소냐'를 뒤에 붙여 잘못 사용하는 경우가 많다.

'-ㄹ쏘냐'는 해라할 자리에 쓰여, '어찌 그럴 리가 있겠느냐'의 뜻으로 강한 부정을 나타내는 종결어미로 사용되며, 주로 의문문 형식을 취한다. 본인의 기준으로 생각한 것이라 객관적이진 않지만 '그럴 수가 없다, 아니다'라는 강한 믿음에 따른 표현이다.

그래서 '아무리 배가 고프더라도 길 위에 버려진 음식을 주워 먹을쏘냐?, 자존심이 있지 싸워 보지도 않고 항복할쏘냐?'처럼 사용하면 된다.

그런데 인터넷에 떠도는 말 중에는 '항복할 쏘냐?', '들어갈 쏘냐?'처럼 '쏘냐'를 띄어 쓰는 경우가 더러 있다. 하지만 '-ㄹ쏘냐'는 '종결어미'로 사용되므로 반드시 앞의 말에 붙여 써야 한다. '쏘냐'라는 단어는 없으므로 절대 띄울 수 없다.

우리말 우리글 아기야, 애기야

'우리 애기가 어제부터 열이 나고, 자꾸 웁니다. 어디가 아픈가 봐요.'

귀여운 젖먹이 우리 아이는 '애기'일까? '아기'일까? 윗글에서는 '애기' 대신 '아기'를 써야 바른말이다.

'아기'는 '어린 젖먹이 아이'를 뜻하거나 나이가 많지 않은 딸이나 며느리를 정답게 이를 때 사용한다. 또 주로 동식물 이름 앞에 쓰여, 짐승의 작은 새끼나 어린 식물을 귀엽게 이르는 말이다.

'애기'는 '아'가 뒷말 '기'의 'ㅣ' 발음 때문에 'ㅣ'모음 역행동화를 일으켜 '애'가 된 것으로서, 이 경우 바른말로 인정하지 않으므로 사용해서는 안 된다. 대표적인 것이 '아비, 어미'이다. '애기'처럼 '애비, 에미'로 많이 사용하지만 잘못된 말임을 명심해야 한다.

그러나 '아가'는 바른말이다. '아가'는 '아기'에 사람이나 물건을 부를 때 쓰는 호격조사 '아'가 붙은 말로서, 어린아이가 '아기'를 귀엽게 부를 때, 또는 감탄사로서, 아기를 부르거나, 시부모가 젊은 며느리를 친근하게 부르는 말로 사용된다.

'엄마, 아가가 울어요.' '아가! 이제 집에 가야지.' '아가, 네 신랑은 오늘 일찍 들어온다고 하더냐?'처럼 쓰면 된다.

그러나 '아기야'와 달리 '아가'는 '아가야'로 쓰면 안 된다. '아가'가 이미 '아기'에 '아'가 붙은 것이므로 다시 '야'를 붙여 사용하면 이중으로 호격조사를 붙여 사용하는 것이기 때문이다.

우리말 우리글

아니오, 아니요

몰래 닭을 잡아먹은 사람이 내밀 오리발이 없을 때 “나는 닭을 잡아먹은 사람이 아니오.”라고 할까, “나는 닭을 잡아먹은 사람이 아니요.”라고 할까.

내밀 오리발도 없는 사람이 말이라도 바르게 사용하면 미움이나 덜 받지 않을까 싶다. 이때는 ‘아니오’가 바른 말이다. ‘아니오’는 어떤 사실을 부정하는 뜻을 나타내는 ‘아니다’의 활용형으로, 한 문장의 ‘서술어’로만 사용된다.

‘나는 나쁜 사람이 아니오. 나는 학생이 아니오. 그것은 답이 아니오. 이것은 물이 아니오.’

그러면 ‘아니요’는 언제 사용할까. 아니요는 그렇지 않다는 뜻으로 사용하는 말로서 ‘예’의 반대로 사용된다. 어른께서 “밥 먹었니?” 하고 물을 때 “예, 먹었습니다.” “아니요, 아직 못 먹었습니다.”라고 사용한다.

이처럼 ‘아니요’는 연결형으로 사용된다. “이것도 아니요, 저것도 아니요, 닭발은 더더욱 아닙니다.”라고 쓰면 바른 말이다. 연결형을 사용할 때는 반드시 ‘마침표’가 아니라 ‘쉼표’를 써야 한다는 것을 잊지 말자.

“다음 문장을 읽고 답을 예/아니요로 쓰시오.”라고 말할 때에도 ‘아니오’가 아니라 ‘아니요’가 맞는 표현이다.

우리말 우리글 아닐런지, 아닐는지

'옆집이라 창문 열고 이야기 나눠도 되는데 전화를 한 것을 보니 어제 저녁 술자리 실수로 볼 낯이 없어서 그러는 것은 아닐는지.'

둘 중 맞는 말은 위 예문에서처럼 '아닐는지'가 바른 말이다. 그러나 '–ㄹ는지'는 불리는 대로 사용하다 보니 '~는지' 대신 '~런지'로 착각해 모두들 잘못 쓰는 것 같다. 또 과거에 '~갈런가, ~될런고'에서처럼 '–ㄹ런가, -ㄹ런고' 등의 말을 많이 사용한 것도 흔히 잘못 사용하는 이유로 풀이된다. 지금은 '~런지'는 사용치 않으니 '~는지'의 잘못된 말로 이해하면 된다.

'–ㄹ는지'는 뒤 절이 나타내는 일과 상관이 있는 어떤 일의 실현 가능성에 대한 의문을 나타내는 연결어미, 또 앎이나 판단, 추측 등의 대상이 되는 명사절에서 어떤 불확실한 사실의 실현 가능성에 대한 의문을 나타내거나 어떤 불확실한 사실의 실현 가능성에 대한 의문을 나타내는 종결어미로 사용된다.

'비가 올는지 하늘이 많이 흐리다. 손님이 올는지 까치가 아침부터 저리 시끄럽게 우는구나. 전쟁이 일어날는지 산 너머에서 총성이 자주 들린다. 그 사람이 올는지. 철수가 오늘 밤 안으로 갈는지. 공부를 싫어하니 대학은 갈는지'처럼 사용한다.

우리말 우리글

아무러면, 아무려면

'아무려면 자장면을 열 그릇이나 먹을까?'

위 글의 바른말은 '아무러면'이다. '아무러면' '아무려면'은 비슷한 형태이지만 분명히 서로 다른 뜻을 지닌 바른말이므로 잘 구분해 써야 한다.

'아무러면'은 부사로서, '아무러하면'의 준말이다. 주로 의문문에 쓰여, 있기 어려운 경우나 상태를 가정하는 뜻을 나타내는 말. 어떤 사실에 대한 확신을 반어적인 의문문으로 나타낼 때 쓴다. 준말 '아무럼'을 쓰기도 한다.

'아무러면 김 사장이 오늘 돈 갚으라고 할까? 아무러면 이 정도 추위에 얼어 죽겠냐?' 등으로 사용된다. 이 경우는 모두 있을 수 없는 경우를 강조하거나 그러지는 않을 것이라는 확신이 있음을 알 수 있다.

또 '옷이야 아무러면 어때' '사람들이 아무러면 어때.'처럼 '아무러면'을 사용하기도 한다.

그러나 '아무려면'은 감탄사로서, '말할 나위 없이 그렇다'는 뜻으로, 상대편의 말에 강한 긍정을 보일 때 하는 말이다. 준말은 '아무렴'이다. '암'도 같은 뜻으로 사용이 가능하다.

'아무려면, 그렇지 그래' '아무려면, 자네 말이 맞아' '아무렴, 나도 함께 가야지.' 등으로 사용한다.

우리말 우리글 악천우, 악천후

비바람이 심하거나 우레가 치는 등 날씨가 고약하면 흔히 '날씨가 아주 나쁘다'는 의미로 '악천우(惡天雨)'를 쓴다.

'악천우로 경기가 중단됐다, 악천우 때문에 등반대회를 취소한다.' 등으로 잘못 사용하는 경우다. 주로 비가 오는 좋지 않은 날씨를 빗대어 쓰는 경우로 보이는데, '기후'를 의미하는 '후(候)'를 '비'를 뜻하는 '우(雨)'로 착각해 사용한 것으로 보인다. 그러나 '아주 나쁜 날씨'를 뜻하는 '악천후(惡天候)'를 써야 바른말이다.

바람과 비에 관련된 것을 하나씩 살펴보자. 가장 약한 바람은 풍향계도 돌지 않는 '실바람'이며, 가장 센 바람은 '싹쓸바람'이다. '싹쓸바람'은 기상청에서 사용하는 풍력 계급 12의 가장 강한 바람이며, 풍속 32.7m/s을 웃돌아 육지에서는 보기 드문 엄청난 피해를 일으키고 바다에서는 산더미 같은 파도를 일으킨다.

비에 관한 우리말에는 가장 약한 비라고 할 수 있는 '안개비'에 이어 안개비보다는 조금 굵고 이슬비보다는 가는 '는개' 등 여러 가지가 있다. 이 중에서 '물을 퍼붓듯 세게 내리는 비'를 '억수' 또는 '악수'라 하니 가장 굵게, 세게 내리는 비를 '억수'나 '악수'라 부르면 맞을 듯싶다.

우리말
우리글

안 돼, 안 되

'매일 먹고 노는 게 지겹지 않니? 그러면 안 되.' 이 표현에서 '안 되' 는 바르게 표현한 것일까, 틀린 표현일까?

윗글에서는 '안 돼'가 바른말이다.

우리말에서 '되다'는 동사로서, 정말 여러 가지로 사용된다. 그러다 보니 발음할 때는 비슷해서 문제가 아닌데, 막상 쓰려고 하면 '되'와 '돼' 중 어느 것을 사용해야 할지 아리송하다.

우선 어간 '되'는 '되어, 되어서, 되는, 되며' 등의 활용형에서처럼 반드시 어미와 함께 사용된다. 따라서 '되'는 혼자서 사용될 수 없으며, 동사 '되다'의 의미로 사용될 때 '되'를 쓸 수 있음을 명심하자.

밤을 새워 공부하는 친구에게 '공부 잘 되니?' 하고 묻는 것처럼 이때의 '되'는 '동사'로 사용되는 경우이다. 그러나 '잘 되 가냐?'에서처럼 '되'가 혼자 쓰이면 잘못 된 것이다. '잘 돼(되어) 가냐?'가 옳다.

'돼'는 '되'에 '어'가 붙은 '되어'의 준말로서, 위의 '동사'로 사용될 경우 외에는 모두 '돼'가 적용됨을 명심하자. 주로 부사형으로 다른 말을 꾸밀 때나 직접 부사형으로 사용될 때가 많다. '일이 잘 돼(되어) 가냐?' '잘 돼(되어)야 할 텐데 걱정이다.' '가도 돼?' '이제는 가야 돼' 등으로 쓰인다.

우리말 우리글 안녕히 가십시요, 안녕히 가십시오

'안녕히 가십시요.'

어디를 들렀다가 돌아갈 때 보면 벽면이나 플래카드 등에서 흔히 볼 수 있는 잘못 사용된 인사 문구다. '안녕히 가십시오'로 써야 바른말이다.

'오'와 '요'를 잘못 사용하는 경우가 많다. '새해 복 많이 받으십시오.'라고 해야 할 말을 '새해 복 많이 받으십시요'라고 새해 인사말을 잘못 전하는 경우도 있고, '안전선 안에 서시오.'라고 해야 할 말을 '서시요'라고 하는 예도 정말 많다.

'오'는 사전의 풀이로 살펴보면 '어미'로서 받침 없는 어간에 붙어, 하오할 자리에서, 현재의 동작이나 상태의 서술·의문 및 동작의 명령을 나타내는 종결어미로 정의된다. 이와 더불어 '~십시오'는 '정중한 명령이나 권유를 나타내는 종결어미'로 사용된다.

따라서 동작의 명령을 나타내는 '가시요, 서시요, 오시요, 하시오, 가십시요, 서십시요, 오십시요' 등 잘못 사용된 이 모든 말은 모두 '오'를 사용해야 옳다. 앞의 'ㅣ'모음 때문에 뒷말이 '요'로 발음되는 바람에 잘못 사용하는 경우가 많은 것 같다.

'잠깐만 기다립시오, 먼저 경비실을 들렀다가 오십시오, 방역 수칙대로 하십시오.'처럼 사용하면 된다.

우리말 우리글 안절부절못하다, 안절부절하다

놀이터로 나간 어린 아들이 해가 뉘엿뉘엿 지는데도 돌아오지 않거나, 과년한 딸이 모임이 있다고 나가서는 당최 귀가할 생각을 않고 있으면 나타나는 부모의 행동은 어떨까?

이때 많은 사람들이 '안절부절'의 경험을 하게 되는데, 어떤 이는 '안절부절하다' 어떤 이는 '안절부절못하다'로 표현한다. 이때는 '안절부절못하다'가 바른말이다.

'마음이 초조하고, 불안해 어찌할 줄 모르는 모양'을 뜻하는 '안절부절'은 부사이다. 그래서 '어린 아들이 귀가하지 않자 어머니는 엉뚱한 불안감에 안절부절 어쩔 줄을 몰라 한다.' '기한은 다가오는데 등록금은 마련되지 않아 안절부절 뒤척이며 잠을 이루지 못했다.' 등으로 사용된다.

그러나 동사는 이와 다르다. '안절부절'에 '하다'를 붙여 '안절부절하다'를 동사로 생각하기 쉬우나 이는 틀린 말이다. '마음이 초조하고 불안해 어찌할 줄 모르다'를 뜻하는 동사는 '안절부절못하다'이다. 다음 문장에서처럼 '못하다'를 띄우지 말고, 한 단어로 붙여 사용하면 된다.

'눈을 번뜩이며 이곳저곳을 뒤지는 부인의 돌발 행동에 숨겨 놓은 비자금이 들통이 나지는 않을까 남편은 안절부절못하는 모습이었다.' '요즘 학생들은 잠시라도 핸드폰이 없으면 안절부절못한다.'

우리말 우리글

안주 일절, 안주 일체

주당들이 2차 3차 술자리를 옮기다 보면 빠지지 않고 들르는 포장마차나 선술집에 가면 흔히 볼 수 있는 말이 있다. '꼼장어, 고갈비, 낙지볶음 등 안주일절'이라는 글이 메뉴판에 등장한다.

술집 주인장이 '우리 집에는 메뉴판에 적혀 있는 이런 저런 안주가 많이 있으니 많이 주문하세요' 라는 뜻이니 이때는 '안주 일절'이 아니라 '안주 일체'가 옳다.

'切'은 '끊을 절'과 '모두 체' 두 가지 뜻을 지니고 있다. 그래서 '一切'은 '일절'과 '일체'로 읽는다. 음훈에서 보듯이 일절과 일체는 다른 의미를 지니고 있기 때문에 가려서 써야 하는데 일절과 일체를 혼동해 거꾸로 쓰는 경우가 흔하다.

'일절'은 '부사'로서, 아주, 도무지, 전혀, 결코 등의 뜻을 가지고 있으며, 흔히 행위를 그치게 하거나 어떤 일을 하지 않을 때 쓴다. 즉 부정적인 문장에서 사용돼야 한다.

'어제 저녁 교통사고에 대해서는 일절 말이 없었다, 그 문제는 나와 일절 관계가 없습니다, 금연을 약속 했으니 담배는 일절 피우지 않겠습니다.' 등으로 쓴다.

'일체'는 '명사'일 때는 '모든 것, '전부'의 뜻, 부사일 때는 '모든 것을 다'의 뜻이다. '소지품 일체를 조사하다, 술값만 내시면 안주 일체가 무료입니다, 골프 용품 일체가 구비돼 있습니다.' 등으로 사용된다.

우리말 우리글

안치다, 앉히다

깨끗이 씻은 쌀을 시루에 넣고 찌는 것에서부터 떡 만들기가 시작된다. 이때 시루에 쌀을 넣고 불 위에 올리는 것을 '시루에 떡을 안치다'라고 말한다. 그런데 시루를 포함, 솥 등 조리 기구 안에 재료를 넣어 음식을 만드는 일을 위 예문처럼 '앉히다'로 잘못 사용하는 경우가 많다.

'앉다'의 수동형이 '앉히다'이다. '자리나 직위에 앉게 하다' 등의 의미 외에 여러 가지가 있지만 요리를 하는 행위는 '앉히다'를 쓸 수 없다. 음식을 만드는 경우 모두 '안치다'를 쓴다고 생각하면 된다.

동사 '안치다'는 '밥, 떡, 찌개 따위를 만들기 위하여 그 재료를 솥이나 냄비 따위에 넣고 불 위에 올리다.'를 뜻한다.

그래서 '휴가 나온 아들에게 맛있는 갈비찜을 해주기 위해 솥에 갈비를 가득히 안쳤다, 어머니는 잔치에 쓸 육개장을 안치러 서둘러 집으로 돌아갔다, 밥 안치는 일이야 육개장 안치는 일에 비하면 아무것도 아니다'처럼 쓰면 된다.

'안치다'는 '어려운 일이 앞에 밀리다, 앞으로 와 닥치다'의 의미도 갖고 있다. '그는 처리하기 힘든 주문이 한꺼번에 안치기 시작하면 아예 포기부터 생각한다, 얼굴을 안치고 지나가는 신선한 차가움이 겨울 바다를 찾는 맛이죠.'처럼 쓰면 된다.

우리말 우리글

알맞은, 알맞는

'알맞은 답을 고르시오.' '알맞는 답을 고르시오.'

위 두 문장에서 바른 문장은 어느 것일까? '알맞은'을 선택해야 바른 답이다.

'알맞다'는 형용사로서 '일정한 기준이나 조건에 넘치거나 모자라지 아니하다. 적당하다.'를 뜻한다. 따라서 활용형은 '알맞은'을 사용해야 하지만 많은 사람들이 '알맞는'으로 잘못 알고 있다.

'소풍 가기에는 알맞은 날씨다.' '내게 알맞은 상대를 골랐다.' '지금 입고 있는 외투는 계절에 알맞은 옷이다.' 등으로 사용하면 된다.

'알맞은'이 '알맞는'으로 잘못 사용되고 있는 것은 '맞다'가 큰 이유 중의 하나로 분석된다. 형용사 '알맞다'와 달리 '맞다'는 동사다. 동사 '맞다'의 활용형은 '맞은'이 아니라 '맞는'이다. '틀리지 않다, 어울리다, 마음에나 입맛에 들다, 물건과 물건이 틈이 없이 서로 닿다, 합치하다, 손해가 되지 않다, 서로 통하다' 등의 뜻이다.'

'입에 맞는 반찬만 골라 먹는다.' '이치에 맞는 말을 해야지' 등으로 사용한다. 따라서 '맞는'을 흔히 사용하다 보니 '알맞은'도 같은 형태로 착각해 '알맞는'으로 잘못 쓰는 것 같다.

'걸맞은'과 '걸맞는'도 '알맞은'과 같은 맥락으로 이해하면 된다. 형용사 '걸맞다'는 '두 편이 서로 어울리다, 격에 맞다'의 의미로, 활용형은 '걸맞는'이 아니라 '걸맞은'임을 명심해야 한다.

야밤도주, 야반도주

'집을 처분하려다가 일주일만 기다려 달라고 애원해 봐주었더니 어느새 집을 팔고, 가족 모두가 야밤도주했다.'

빚을 지거나 잘못을 한 사람이 다른 이들의 눈을 피해 밤에 몰래 도망가는 것을 흔히 '야밤도주했다'고 한다. 그러나 이때 사용하는 바른말은 '야반도주(夜半逃走)'이다.

'야반도주'는 '남의 눈을 피해 한밤중에 도망하다.'의 뜻이다. '야반(夜半)'은 말 그대로 밤의 반, 즉 밤의 가운데쯤이니 한밤중을 의미한다. 여기에다 '도망'을 뜻하는 '도주(逃走)'가 붙어 '야반도주'가 된 것이다. 그러나 사람들은 밤에, 그것도 한밤중에 도망을 갔다는 사실에 집착하면서 '야밤도주'로 잘못 사용하고 있는 것이다.

어찌 보면 '야밤(夜밤)'은 '깊은 밤'을 뜻하는 말이니 야밤에 도망을 간 것은 '야밤도주'가 맞는 것이 아니냐고 할 수 있다. 그러나 '야밤'은 '야(夜)'에다가 순우리말 '밤'이 붙은 말이어서 한자어로 된 사자성어에 어울리지 않는다는 점을 명심해야 한다.

'야밤'을 굳이 사용하고 싶어 무엇인가 아쉽다면 '야밤에 술 먹고 돌아다니지 마라.'처럼 '야밤'을 사용하면 된다.

우리말 우리글

양수겹장, 양수겸장

장군 멍군을 주고받으며, 상대를 몰아붙이는 장기판은 흔히 장(將)이 두 말에 동시에 공격을 당해 피할 수 없어 승부를 가르는 경우가 많다. 두 장수를 둘러싼 훈수꾼들이 묘수에 감탄하며 흔히 외치는 '양수겹장이네!'라는 말은 바른말일까?

이때 사용하는 말은 '양수겹장'이 아니라 '양수겸장(兩手兼將)'이 바른 말이다. 국어대사전을 빌려보면 '양수겸장'은 장기에서, 두 개의 말이 한꺼번에 장을 부르거나 양쪽에서 동시에 하나를 노림을 비유적으로 이르는 말로 쓰인다.

나이 드신 분들을 제외하면 장기를 두는 사람이 많지 않음에 따라 요즘은 양쪽이 동시에 하나를 노리게 되는 경우, 두 가지 일이 동시에 하나를 목표로 삼는 경우 등에 두루 사용된다.

'양수겹장'이라고 많이 사용하는 것은 '겹'이란 단어 때문으로 보인다. '겹'은 '넓고 얇은 물건이 포개진 것, 또는 그 켜를 뜻하거나 사물이 거듭됨'을 뜻하는 말로 쓰인다. 따라서 이 '겹'이란 단어 때문에 착각해 '겹장'이라고 말하는 것으로 분석된다.

양수겸장은 말 그대로 두 손(兩手)이 장(將)을 겸(兼)해 '장군이야!'를 두 군데서 동시에 외친 것이라고 기억하면 '양수겹장'이라 쓰는 일은 없을 듯하다.

우리말 우리글

어따 대고, 얻다 대고

'어따 대고 막말을 늘어놓는 거야?'

경우에 없이 막말을 사용하는 사람에게 점잖게 한마디 건넨다. 하지만 소리가 나는 대로 적다 보니 대개 '어따 대고', '엇다 대고' 등으로 쓰지만 모두 잘못된 말이다. 이때는 '얻다 대고'가 바른말이다.

'얻다'는 '어디에다'가 줄어든 말이다. '훔친 보석을 얻다 버렸는지 물었으나 하루 종일 아무런 대답도 하지 않았다.' '저 정도 생명력이라면 얻다 버려도 씩씩하게 성장할 것이다.'처럼 사용하면 된다.

'얻다'에 '가'를 더해 '얻다가'를 쓰기도 한다. '얻다가'는 '어디에다가'의 준말이다. '안경을 얻다가 두고서 이렇게 찾아 헤매는 거니?'처럼 쓴다.

그런데 이 '얻다'에 '대고'가 붙으면 다소 점잖지 않은 말로 상대를 공격하는 경우가 된다. 누군가 막말을 쓰며, 시비를 걸어온다거나 지칭하지 말아야 할 존재나 대상을 향해 좋지 않은 언행을 행사할 때 맞받아쳐야 하는 상황이다.

그러므로 이 말은 아주 가까운 사이에서 가볍게 던지는 말장난이나, 아주 고약한 상대와의 한판 설전이 아니라면 사용을 자제해야 좋을 듯하다.

우리말 우리글 어떻게, 어떡해

'말도 하지 않고 가 버리면 나 어떻게.' '말도 하지 않고 가 버리면 나 어떡해.' '말도 하지 않고 가 버리면 나 어떻해.' 어떤 것이 바른 말일까?

'어떻게, 어떡해, 어떻해' 이 글들은 쉽게 보여도 많이 틀리는 우리말이다. 윗글의 경우 '나 어떡해'가 바른말이다. 쉽게 풀이하면 '어떻게'는 '어떠하다'의 준말 '어떻다'에 '게'가 붙어 동사나 형용사를 수식하는 부사로 사용되고, '어떡해'는 '어떻게 해'의 준말이다.

즉 '어떻게'는 부사로 사용되니까 동사 형용사를 수식하는 글에 사용하면 되고, '어떡해'는 '어떻게 해'의 준말이니 그냥 말을 끝낼 때 사용해야 한다. 이것만 잘 기억하면 헷갈리는 일은 없을 것이다.

'어떻게'는 '나는 도무지 모르겠으니 어떻게 푸는지 좀 말해줘.' '이걸 어떻게 말해야 할지 모르겠다.' '어떻게 먹어야 맛있어?' 등으로 동사나 형용사를 수식한다.

'어떡해'는 '어떻게'처럼 어떤 말을 수식할 때 사용하는 것이 아니므로 '심부름 중에 선물을 잃어버렸으니 나 어떡해.' '어떡해. 괜히 따라왔다가 이 모양이 돼 버렸어.' '모두 안 된다고 말들 많이 하지만 정말 좋은 걸 어떡해.'로 쓰면 된다. 말을 끝맺을 때 사용함을 다시 한번 명심하자.

어리버리, 어리바리

'이 대리, 어째 저 신입사원 어리버리해 보이는데 교육 제대로 시킨 거 맞아?'

흔히 언행이 시원치 않고 얼뜬 사람에 대해 갖다 붙이는 말이 '어리버리'다. 그러나 '어리버리'는 사전에 없는 말이다. 바른말은 '어리바리'다. 비슷한 말로는 '어리보기'가 있다.

부사 '어리바리'는 '정신이 또렷하지 못하거나 기운이 없어 몸을 제대로 놀리지 못하고 있는 모양'을 뜻한다.

비슷한 말로 명사 '어리보기'가 있다. 말이나 행동이 다부지지 못하고 어리석은 사람을 낮잡아 이르는 말이다. '얼뜨기, 머저리' 등이 유사한 말이다.

그러나 언행이 부실하고, 얼떠 보이는 사람에 대한 비유는 사전적 풀이로 보면 '어리바리'보다는 '어리보기'가 더 정확한 표현인 것 같다.

얼뜨기 같은 언행 등에 대한 비유로 부사를 사용한다면 '어리바리'를, 명사로 사용하려면 '어리보기'를 선택하면 무난할 듯하다.

'저 어리보기 같은 신입사원 앞으로 교육 제대로 시켜야 할 것 같아.' '명석해 보이는 첫인상과 달리 어리보기 같은 짓을 하고 다닌다.' '저 친구 술 먹었나 어째 행동이 어리바리합니다.'처럼 쓰면 된다.

우리말 우리글 어줍잖게, 어쭙잖게

'거지가 어줍잖게 자가용을 사다니 말문이 막힙니다.'

진실은 밝혀지는 법. 분수에 넘치는 언행이나 시시하고 보잘것없는 것을 지적할 때 흔히 쓰는 '어줍잖다'는 바른말이 아니다. 위 예문은 '어쭙잖다'가 바른말이다.

'어쭙잖다'는 '형용사'로서 '비웃음을 살 만큼 언행이 분수에 넘치는 데가 있다, 아주 서투르고 어설프다, 또는 아주 시시하고 보잘것없다.'를 뜻한다. 흔히 '어쭙잖아, 어쭙잖으니, 어쭙잖소' 등으로 활용된다.

'남에게 훈수 둘 형편이 아님에도 어쭙잖은 잔소리를 저렇게 하면 누가 좋아하겠습니까?, 잘 걷지도 못하면서 어쭙잖게 마라톤을 한다고 운동복과 신발을 사왔습니다, 그런 선물은 어쭙잖으니 따뜻한 격려의 말 한마디를 던지시죠, 어쭙잖게 왜 이래.'처럼 쓰면 된다.

'어쭙잖다'를 '어줍잖다'로 잘못 사용하는 것은 단어 '어줍다'가 있기 때문으로 보인다. '어줍다'는 '말이나 행동이 익숙지 않아 서투르고 어설프다, 몸의 일부가 자유롭지 못하여 움직임이 자연스럽지 않다, 어쩔 줄을 몰라 겸연쩍거나 어색하다.'가 뜻이다.

그래서 부정형 '어줍지 않다'와 줄임말 '어줍잖다'를 생각할 수 있으나 '어쭙잖다'와 의미가 분명히 다르므로 착각해서는 곤란하다.

우리말 우리글 얼만큼, 얼마큼

'자기는 나를 얼만큼 좋아해?' '하늘만큼, 땅만큼.'

유치하게 들리겠지만, 연인들이라면 상당수가 이 정도 질문은 던져봤을 듯싶다. 그러나 연인들은 물론이며 어른, 아이 할 것 없이 많이 사용하고 있는 '얼만큼'은 바른말이 아니다. '얼마큼'이 바른말이다.

'얼마큼'은 '얼마만큼'의 준말이다. '얼마'는 그대로 살아있고, '만큼'이 '큼'으로 줄어들어, '얼마큼'이 된 모양새다.

'얼마만큼'은 '(의문문에 쓰여) 잘 모르는 수량이나 정도, 정하지 아니한 수량이나 정도, 뚜렷이 밝힐 필요가 없는 비교적 적은 수량이나 값 또는 정도'를 뜻하는 명사 '얼마'에 (체언이나 조사의 바로 뒤에 붙어) '앞말과 비슷한 정도나 한도임'을 나타내는 격조사 '만큼'이 붙어 만들어졌다.

조사일 때는 '축구공만큼 크다.' '운동장만큼 넓다.'처럼 붙여 쓰면 되지만, 의존명사일 때는 '밤을 새워 공부한 만큼 합격할 것이다.' '돈을 돌려준 만큼 아무런 일도 없을 줄 알았다.'처럼 띄어 쓴다.

우리말 우리글

엄한 사람, 애먼 사람

"엄한 사람 잡아 데려가더니 또 무슨 일로 그러십니까?" "화가 난다고 그렇게 주택가로 마구 돌을 던지면 어떻게 합니까? 제발 사람 크게 다치기 전에 엄한 짓 좀 그만 하세요."

'엄한 사람, 엄한 짓'은 자주 사용되는 말이다. 그러나 바른말이 아니다. '애먼 사람' '애먼 짓'으로 바꾸어 써야 바른말이다.

'애먼'은 '일의 결과가 다른 데로 돌아가 억울하게 느껴지는, 일의 결과가 다른 데로 돌아가 엉뚱하게 느껴지는, 엉뚱하게 딴, 애매하게 딴'의 뜻이다.

'엄하다'의 활용형 '엄한'은 '엄동설한'의 준말 엄한(嚴寒)이며, 매우 심한 추위를 말한다. 또 '엄하다'는 '위엄 있게 튼실하고 바르다, 잘못되지 않도록 잡도리가 심하다, 매우 심하다'의 뜻으로 쓰인다.

따라서 윗글에서 쓰인 '엄한'은 전혀 어울리지 않는 잘못된 사용이며, 어떻게 이렇게 잘못 사용됐는지도 불분명하다.

그러므로 '애먼 나를 자꾸 범인이라고 우기지 마세요.' '올해 네 나이가 50인데, 아직도 그렇게 살고 있으니 앞날이 걱정이다. 제발 애먼 짓 그만하고 나랑 같이 사업이나 하자.' '애먼 일에 사람 끌어들이지 말고, 빨리 가세요.' '애먼 구타에 병원 신세를 지고 있다.' 등으로 활용하면 된다.

우리말
우리글

'여(餘)'의 바른 사용

'여(餘)'는 '(수량을 나타내는 말 뒤에 붙어) 그 수를 넘음'의 뜻을 더하는 접미사이다. 그리고 한자 뜻과 음도 '남을여'이다.

'여'는 수량을 말할 때 앞에서 열거한 수를 넘어서는 대강의 의미 전달에 많이 사용된다. 그런데 흔히 대충 사용하다 보니 부족하든, 남든 '여'를 갖다 붙여 남용하는데, 이는 잘못된 말이다.

또, 앞의 말과 붙이기도 하고, 띄우기도 하며 멋대로 쓴다. 하지만 접미사로서 앞의 말과 반드시 붙여 써야 한다.

99개는 백 개가 넘지 않으므로 '백여 개'라고 쓸 수 없다. 정확히 표현하면 90을 넘는 수이므로 '90여 개'이다. '여덟 개나 아홉 개'를 가지고 '십여 개'라고 해서도 안 되고, 90개나 99개를 가지고 '백여 개'라고 해서도 안 된다.

'여'는 대충 비슷하기만 하면 갖다 붙이는 말이 아니다. 백 개를 넘는 101개, 102개, 103개 등은 백여 개라고 하면 '여'의 의미를 정확히 사용한 바른 표현이다. 11개, 12개, 13개 등도 10개를 넘는 수이므로 '십여 개'라고 쓰면 옳다.

백 또는 천에 근접하는 숫자가 등장하기만 하면 백여 개, 백여 건, 백여 명, 천여 개, 천여 건, 천여 명 등으로 쓰고 있지만 반드시 백, 천을 넘는 경우에만 '여'를 사용할 수 있음을 명심하자.

우리말 우리글 여지껏, 여태껏

'여지껏 모르고 있다는 것이 이해가 되지 않는다.'

당연히 알고 있어야 할 사실을 지금까지 모르고 있을 때 흔히 사용하는 '여지껏'은 바른말이 아니다. 이때는 '여태껏, 이제껏, 아직껏' 등을 사용해야 바른말이다.

'여태껏'은 '여태'를 강조하여 이르는 말이다. '여태'는 지금까지. 또는 아직까지. 어떤 행동이나 일이 이미 이루어졌어야 함에도 그렇게 되지 않았음을 불만스럽게 여기거나 또는 바람직하지 않은 행동이나 일이 현재까지 계속되어 옴을 나타낼 때 쓰는 말이다. 조금 부정적인 표현에 써야 어울리는 말이다.

'여태'에 '껏'이 붙을 수 있는 것은 여태가 '지금까지, 아직까지'의 뜻을 지니고 있기 때문이다. '지금껏, 아직껏, 이제껏, 입때껏' 등도 같은 뜻을 갖고 있어 '껏'을 붙여 쓸 수 있는 것이다.

그러나 '여지'는 '지금' 또는 '아직까지'의 시점 또는 때의 의미를 전혀 갖고 있지 않다. 따라서 (때를 나타내는 몇몇 부사 뒤에 붙어) '그때까지 내내'의 뜻을 더하는 접미사 '껏'을 붙여 쓸 수가 없는 것이다.

이처럼 '여지껏'이란 단어가 만들어질 수 없음에도 여태껏 우리는 '여지껏'이 바른말인 것처럼 잘못 알고 사용해 온 것이다. '여직껏, 여짓껏' 등으로 잘못 사용하는 경우도 많다. '여지껏'이 없는 말이니 유사한 말들 또한 모두 바른말이 아니므로 모두 사용해서는 안 됨을 명심하자.

우리말 우리글

역임하다

'저 사람은 OO구청장을 역임했습니다. 그런데도 그 지역에서 평판이 좋지 않아요.'

자치단체의 장을 지낸 사람도 임기 중 어떻게 일을 했느냐에 따라 평판이 분명히 갈린다. 높은 자리 있을 때 욕먹지 않게 잘해야 한다. 그런데 위의 글에서 쓴 '역임(歷任)'은 바른 사용이 아니다.

역임의 뜻을 살펴보자. 역임(歷任)은 명사로서 '여러 직위를 두루 거쳐 지냄'을 뜻한다. 즉 여러 가지 직위를 거친 사람의 이런저런 직위를 소개할 때 '역임'을 사용해야 한다. 한 직위만 지낸 사람은 '거쳤다' '지냈다' '맡았다' 등으로 써야 한다. '역임'의 순화된 말이 '거침', '지냄'이다. 따라서 윗글은 '저 사람은 OO구청장을 지냈습니다.'라고 해야 옳다.

'역임'을 사용해 차례로 여러 벼슬을 지낸 사람을 소개해 보자. '경찰청장, 안전행정부장관을 역임한 OOO 씨를 소개합니다.' '이분은 국회의원, OO도지사, OOOO 총재를 역임했습니다.'처럼 쓰면 된다. 두 가지 이상의 직위를 거론할 때만 '역임'을 사용한다는 원칙만 기억하면 실수할 일 없다.

우리말 우리글

연연생, 연년생

'저 녀석 머리가 하얗게 쇠고, 얼굴에 주름이 많아 나이가 나보다 많아 보여도 연년생 내 동생입니다.'

연년생(年年生)은 '한 살 터울로 아이를 낳음. 또는 그 아이'를 뜻한다. 잘 아는 것 같아도 '연년생, 연연생'을 막상 쓰려고 하면 혼란스럽다.

연년생이 바른 표현이다. '연년생 3남매를 한꺼번에 키우다 보니 정신이 없습니다.' 등으로 사용하면 바른 표현이다.

연년생(年年生)은 본래 '년'이 단어 첫머리에 쓰이면서 '두음법칙'에 의해 '연'이 된 것이다. 두 번째 '년'은 원래대로 '년'으로 적으니까 '연년생'이다.

한글맞춤법의 두음법칙에 따르면 '녀, 뇨, 뉴, 니' 등은 모두 '여, 요, 유, 이' 등으로 바뀐다. '여자(女子), 요도(尿道), 유대(紐帶), 이토(泥土)' 등이 모두 '녀, 뇨, 뉴, 니'가 바뀐 경우이다.

두음법칙을 좀 더 살펴보자. 접두사처럼 쓰이는 한자가 붙어서 된 말이나 합성어에서, 뒷말의 첫소리가 'ㄴ' 소리로 나더라도 두음 법칙에 따라 적는다. 신여성(新女性), 공염불(空念佛), 남존여비(男尊女卑)가 그 예이다.

'회계연도와 근속 연수'는 특히 '회계년도, 근속 년수'로 잘못 사용하는 경우가 많으니 주의해야 한다.

우리말 우리글

염치 불구, 염치 불고

'염치 불구하고 돈을 빌려달라고 했습니다.' '자식 놈 맞아 죽을까 싶어 염치 불구하고 이 늦은 밤에 찾아 왔습니다. 용서해 주십시오.'

많이 사용하는 '염치 불구하고'는 잘못된 말이다. 대화 중 '불구하고'를 많이 쓰는 바람에 윗글처럼 바른말인 줄 알고 사용하지만 '불고하고'가 바른말이다.

'염치 불고'는 사자성어 '불고염치(不顧廉恥)'에서 나왔다. '불고(不顧)'는 '돌아보지 아니함, 돌보지 아니함'이 뜻이니 '불고염치'는 '염치를 돌아보지 아니함'이 그 뜻이다. 우리말로 쓰이며, '염치(를) 불고하고'의 형태로 사용하고 있다.

'염치 불고하고 부탁드린 것이니 제발 돈 좀 빌려주십시오.' '지난번에 이어 두 번째지만 자식 놈 생명이 달린 일이라 염치 불고하고 부탁드립니다. 용서해 주십시오.'처럼 사용한다.

'불구(不拘)를 살펴보자. '불구하다'의 '불구'는 '-에도/-음에도 불구하고' '-ㄴ데도 불구하고'의 형태로 쓰이며, '얽매여 거리끼지 아니하다.'를 뜻한다.

그래서 '몸살이 나 밤새 뜬눈으로 밤을 새웠음에도 불구하고 정상 출근했다.' '쏟아지는 폭우에도 불구하고 공사를 강행했다.' '들어가지 못하게 줄로 막아 놨는데도 불구하고 기어이 들어가더니 다리가 부러지는 사고를 당했다.' 등으로 쓰면 된다.

우리말 우리글

옛부터, 예부터

'이 마을은 옛부터 풍광이 뛰어나고, 인심이 좋기로 소문이 난 곳으로서…'

어느 지역 산꼭대기 정자 등의 현판이나 고장 안내문에 흔히 적혀 있는 글 중의 하나이다. 많은 사람들이 찾는 곳에 내거는 것이어서 감수를 받았을 것 같은데도 잘못된 글이 쓰여 있는 것을 흔히 보게 된다.

'옛부터'는 잘못된 글로서, '예부터'가 바른말이다.

'옛'은 관형사로서, '지나간 때의, 예전의' 등의 뜻을 갖는다. 관형사는 뒤에 명사 같은 수식을 받는 말이 이어져야 한다. 즉 명사를 수식하거나 다른 명사와 같이 복합어를 이룬다. 그래서 '옛날, 옛말, 옛정, 옛사람, 옛이야기' 등으로 쓰인다. 관형사에는 명사와 달리 '부터' 같은 조사가 붙을 수 없음을 명심하자.

'옛날에는 그랬지만 요즘 누가 그러고 산단 말이오.' '옛이야기라고 해서 가벼이 지나쳐서는 안 됩니다.'처럼 사용하면 된다.

'예'는 명사로서, '옛적, 오래전, 아주 먼 과거'라는 뜻을 갖는다. 주로 '예나, 예부터, 예로부터' 등으로 사용된다. 명사는 '부터'라는 조사가 붙을 수 있으므로 '예부터'로 써야 옳다. '예부터 해 오던 관습이니 그렇게 하시오.' '예나 지금이나 모습이 그대로입니다.' 등으로 사용한다.

우리말 우리글

오랫만에, 오래동안

“오랫만에 고기를 먹었더니 맛있고, 힘이 저절로 솟아나는 것 같습니다.” “저도 오래동안 고기를 먹지 않아서 그런지 참 맛있고, 좋습니다.”

위 대화에서 나오는 ‘오랫만에’ ‘오래동안’은 잘 아는 듯해도 자주 틀리는 우리말 중의 하나이다. 위 글에서는 ‘오랜만에, 오랫동안’이 바른말이다.

‘오랜만에’는 ‘오래간만’의 준말로서 ‘오랜 뒤, 오래된 끝’의 뜻이다. ‘오랜만에 부모님과 함께 영화를 보러 갔다.’ ‘오랜만에 오는 비라 그냥 맞아도 기분이 참 좋다.’ ‘퇴근 후 운동하기는 참 오랜만이다.’ 등으로 쓰면 된다.

‘오랜만에’를 ‘오랫만에’로 더러 잘못 사용하는 경우는 발음이 비슷한데다 자주 사용하는 ‘오랫동안’이란 단어 때문에 그런 듯하다. ‘오래’와 ‘동안’의 합성어로서, 동안이 된소리가 나 ‘사이시옷’이 첨가된 것이 ‘오랫동안’이다.

‘시간적으로 썩 긴 동안’의 뜻을 가진 이 ‘오랫동안’도 ‘오래동안’ ‘오랜동안’으로 잘못 사용된다. ‘오랜만에’란 단어가 있어서 그런지 ‘오랜동안’으로 잘못 사용하는 경우가 가장 많다. ‘나는 오랫동안 고민한 끝에 결혼식에 참석하기로 결심했다.’ ‘그는 오랫동안 친구들과 소식을 끊고 살았다.’ 등으로 쓰인다.

우리말 우리글 왠지, 웬지

'오늘은 왠지 시원한 냉면이 먹고 싶다.' '옆집 아들 길동이가 웬일로 골목길을 청소하는구나.' '이게 웬 떡이냐?'

'왜'와 '웬'을 잘 구분하지 못하는 경우가 더러 있다. 윗글의 경우 모두 바르게 사용한 말이다. 그러나 '오늘은 웬지' '길동이가 왠일로' '이게 왠 떡'으로 잘못 사용하는 경우가 많다.

부사 '왠지'는 '왜인지'의 준말로서 붙여서 쓴다. '어째서' '왜 그런지' '뚜렷한 이유도 없이' 등의 의미로 사용한다.

'왠지 네 어머니 안색이 좋아 보이지 않구나.' '흐린 하늘을 하루 종일 쳐다보니 오늘은 왠지 서글픈 마음이 든다.' '영화를 보니 왠지 무서운 기분이 든다.' '왠지 야구 경기가 재미가 없다.'에서 사용한 글들이 바른 예다.

'웬'은 '어떠한, 어찌 된'의 뜻을 가진 '관형사'로서 뒤에 '웬'이 꾸며 줄 단어가 반드시 뒤따른다. '아침부터 웬 난리인지 모르겠구나.' '그것은 웬 돈이냐?' '가게에 웬 사람이 그렇게 많지?' 등으로 사용한다.

'웬일'은 이 단어가 '명사'로서 '어떻게 된 일'이라는 뜻이어서 한 단어로 붙여 쓴다. 그래서 한 단어가 돼 버린 경우를 제외하고는 관형사 '웬'은 붙여 쓰면 안 된다.

우리말 우리글

우겨넣다, 욱여넣다

'가지고 갈 옷은 많은데 집에 있는 가방은 하나밖에 없어서 할 수 없이 옷을 가방에다 우겨넣었습니다.'

멀리 여행을 떠날 때면 여행을 다니며 입을 옷을 가져가는 것이 여간 힘든 일이 아니다. 땀을 흘리며, 가방이 터질 듯 옷을 최대한 많이 담게 되는데, 이때 우리는 '우겨넣다'라는 표현을 쓴다. 그러나 '우겨넣다'는 없는 말이다. '욱여넣다'가 바른말이다.

'욱여넣다'는 '주위에서 중심으로 함부로 밀어 넣다'를 뜻한다. '안쪽으로 조금 우그러져 있다.'를 뜻하는 '욱다'의 사동형 '욱이어(욱여)'에 '넣다'가 뭉친 것이다. 조금이라도 더 담기 위해 밀고, 누르는 등 갖은 힘을 쓰거나 우그러지더라도 억지로 중심으로 밀어 넣는 경우에 적절히 사용된다. 통, 봉투, 가방 등등 모두 다 그러하다.

따라서 '봉투에 서류를 욱여넣었더니 봉투가 찢어졌다.' '입에다 음식을 저리 욱여넣는 걸 보니 어지간히 배가 고팠나 보다.' '공짜라고 했더니 주머니가 터질 듯 땅콩을 욱여넣었다.'처럼 사용하면 된다.

비슷한 말로는 '어떤 테두리 안으로 억지로 욱여넣다.'를 뜻하는 '휘어대다'가 있다.

우리말 우리글 운명을 달리하다

한 번 태어나면 언젠가 반드시 죽어야 하며, 당장 언제 생을 마감할지 한 치 앞도 모르면서 돈과 명예를 부여잡고 욕심과 거드름을 피우다 후회를 안고 떠나는 것이 보통 인간의 삶이다.

흔히 주위 사람이 죽으면 우리는 우아한 표현 '운명을 달리했습니다.'라는 표현을 쓴다. 그러나 '운명을 달리했다'는 표현은 '유명(幽明)을 달리했다'로 고쳐 써야 옳다.

'운명(殞命)하다'가 '사람의 목숨이 끊어짐'을 완곡하고, 품위 있게 표현하듯, '죽음'을 완곡하게 표현하는 '유명(幽明)을 달리하다'라는 관용구가 있다. 이 '유명을 달리하다'를 유명 대신 운명을 사용하는 것은 적절하지 않은 것 같다.

그러면 '유명(幽明)'을 보자. 유명은 '어둠과 밝음을 아울러 이르는 말' '저승과 이승을 아울러 이르는 말'이 그 뜻이다. 따라서 '유명을 달리했다'라면 이승과 저승의 조건을 서로 다르게 가졌다는 풀이가 가능하므로 '이승에서 살다가 저승 다른 곳으로 가셨다.'는 의미가 충분히 전달된다. 떠난 분에 대해 예의를 갖춘 표현이 아닐 수 없다.

우리말 우리글

울궈먹다, 우려먹다

불법 영업을 하는 업주의 약점을 잡아 업주로부터 오랫동안 돈을 뜯어 내는 건달이 있다면 이는 약점 있는 업주에게서 돈을 울궈먹는 것일까? 우려먹는 것일까?

정답부터 살펴보면 '우려먹다'가 바른 말이다.

'울궈먹다'는 '우려먹다'의 방언으로서, 비표준어이다. '울궈내다'도 마찬가지로 비표준어이다. '우리다' 동사가 원형이며, '우려먹다' '우려내다' 등이 표준어로 사용된다.

이들 말은 '물체를 액체에 담가 성분, 맛, 빛깔 따위가 배어들게 하다. 생각이나 감정을 끄집어내다. 꾀거나 위협하거나, 달래거나 청해서 무엇을 억지로 얻다.' 등의 뜻을 지닌다.

따라서 '좋은 사골이라 그런지 여러 번 우려내도 국물이 뿌옇게 나오더라.' '저 친구 외국 여행 갔던 이야기를 몇 번이나 우려먹는지 이제는 지겹게 들린다.' '몰래 푼돈 빼돌리던 경리과 김 대리의 약점을 발견한 이 부장이 몇 년 동안 김 대리를 우려먹을 대로 우려먹어 김 대리는 빚더미에 올라앉았다.' 등으로 사용하면 된다.

녹차, 홍차 등 각종 차는 우려먹는다고 말하면서도, 남에게 억지로 돈을 얻어 내는 행위는 대부분 '울궈먹다'라고 그릇되게 표현한다. 오랫동안 '울궈먹다'로 잘못 사용해 온 때문인 듯하다.

움큼, 웅큼

"어제 옆집 부부가 서로 머리를 잡고 싸움을 제대로 하는 것을 봤는데, 잠시 후에 여자 손에 남자 머리가 한 웅큼이나 쥐어 있는 걸 봤어요. 대단한 사모님이야!"

손에 한 줌 쥐고 있는 물건을 말할 때 흔히 '웅큼'이라고 말한다. 그러나 '웅큼'은 '움큼'의 잘못된 말이다.

'움큼'은 '의존명사'로서 '손으로 한 줌 움켜쥘 만한 분량을 세는 단위, 또는 손으로 한 줌 쥔 분량'의 뜻을 지닌다. 의존명사라 '한 움큼'처럼 앞의 말과는 띄어 써야 한다. 작은말은 '옴큼'이 있다.

보통 한 손에 쥔 양을 말하는 경우가 많아 '한 움큼'을 많이 사용하지만, 한 줌 움켜쥘 만한 분량을 세는 단위, 또는 그 양이므로 '두 움큼, 세 움큼' 등으로도 사용된다.

움큼과 비슷한 말은 '줌'이 있다. 줌은 '주먹'의 준말로 사용되지만, '움큼'처럼 '주먹으로 쥘 만한 분량'이란 뜻이 있다. 따라서 '한 줌의 쌀, 한 줌의 흙'을 쓰면 비슷한 표현이다.

'사탕 먹으라고 봉투째 내밀면 아이들은 어김없이 한 움큼을 쥡니다.' '돼지 저금통 배를 열어 동생에게 동전 한 개 가져가라 했더니 오백 원짜리 동전을 한 움큼이나 들고 도망갔어요.'처럼 사용하면 된다.

우리말 우리글

웃어른, 윗어른

"지금 식당에서 윗어른에게 버릇없이 구는 저 친구가 어제 너에게 행패를 부린 그 남자가 맞느냐?" "응, 맞아."

위의 글에서처럼 '윗어른이야? 웃어른이야?'는 질문을 받고, 선뜻 답을 하려면 헷갈리기 일쑤다. 그러나 어른은 '웃어른'만 있지, '윗어른'이란 말은 없음을 명심해야 한다.

'윗'이 붙는 단어는 '아래'를 뜻하는 상대어가 있는 경우에 '윗'이 붙어 사용된다. 윗사람과 아랫사람, 윗집과 아랫집, 윗니와 아랫니, 윗도리와 아랫도리 등 이러한 말은 모두 상대어, 즉 맞서는 말이 있음을 확인할 수 있다. 따라서 '웃어른'은 있어도 상대적 개념의 '아랫어른'은 존재할 수 없기 때문에 '윗어른'이 없는 것이다.

이와 함께 일부 명사 앞에 붙어 '위'의 뜻을 나타내는 말 '웃'은 흔히 '웃옷, 웃돈, 웃거름' 등에 사용된다.

위에 사이시옷이 붙은 '윗'은 뒤에 된소리나 거센소리가 오면 사이시옷이 붙지 않아야 한다. 따라서 '위쪽, 위층, 위채' 등으로 써야지 윗쪽, 윗층, 윗채 등으로 사용해서는 안 됨을 알아 두자.

우리말 우리글 웬간하면, 웬만하면

'형편이 웬간하면 갚지요. 정말 돈이 없습니다.'

돈은 없는데, 빚 독촉하면 정말 답답하다. 웬만하면 다들 갚는다. 윗글은 '웬만하면'으로 고쳐 써야 한다. '웬간하면'은 사전에 없는 말이다. '웬간히 하세요, 웬간히 먹어라, 웬간해야죠.' 등등으로 흔히 사용되지만 바른 말이 아니다.

'웬만하다'는 '정도나 형편이 표준에 가깝거나 그보다 약간 낫다.' '허용되는 범위에서 크게 벗어나지 아니한 상태에 있다.'가 뜻이다. '웬만하다'의 본말은 '우연만하다'이다.

'부장님 오늘 건강 상태가 웬만하다, 웬만하면 오늘은 술 먹지 말고 일찍 집에 가라, 웬만하면 등산복 한 벌은 다 있습니다, 부자가 많아서 웬만하면 고급 차 타고 다닙니다.'처럼 쓰면 된다.

비슷하게 사용하는 말로 '엔간하다'가 있다. '대중으로 보아 정도가 표준에 꽤 가깝다.'를 뜻한다. '몸 상태가 엔간하면 함께 가겠네만, 맛이 엔간하면 저도 먹었을 겁니다, 저 사람은 엔간해서 남의 말 안 듣습니다.'처럼 쓴다. '엔간하다'의 본딧말은 '어연간하다'며, 비슷한 말로는 '어지간하다'가 있다.

'웬간하다'는 '웬만하다'와 '엔간하다'가 부르기도 비슷하고, 뜻도 조금 비슷하다 보니 둘이 섞여 잘못 쓰이고 있는 것으로 분석된다.

우리말 우리글

'육월 유월', '십월 시월'

"너는 생일이 육월이라고 그랬지?" "아닙니다. 십월입니다."

달력을 펼치고 공휴일을 셈하거나 누군가의 생일을 거론할 때면 으레 잘못 등장하는 것이 '육월, 십월'이다. 이때 사용하는 바른말은 '유월, 시월'이다.

'여섯'을 의미하는 한자어 '육(六)'과 '열'을 의미하는 '십(十)'은 평소에는 발음에 문제가 없으나 몇 월이 어쩌고 하면 흔히 실수를 하곤 한다.

한자어는 본음과 달리 속음(본음과 달리 사회에서 널리 쓰이는 음)으로도 발음되는 경우가 많고, 이 경우 속음으로 적어야 바른말이 된다.

한글맞춤법 제52항을 보면 '한자어에서 본음으로도 나고 속음으로도 나는 것은 각각 그 소리에 따라 적는다.'고 규정하고 있다. 따라서 '육월, 십월'은 발음하거나 듣기가 더 편한 탓에 오랫동안 '유월, 시월'로 널리 사용돼왔다. 그래서 '유월, 시월'로 적어야 바른말이다.

또한 석가탄신일인 초팔일(初八日)은 '초파일'이라 하며, 한창 더울 때인 오월과 유월을 말할 때에도 '오육월' 대신 '오뉴월'이라고 해야 한다.

기쁨과 노여움, 슬픔과 즐거움을 뜻하는 '희로애락(喜怒哀樂)'도 속음으로 사용되고 있으므로 한자음 그대로 '희노애락'이라고 하면 잘못 적은 것이다.

우리말 우리글 으시시하다, 으스스하다

갑자기 몸이 춥거나 공포영화를 볼 때 우리는 몸이 '으시시하다'는 표현을 한다. '몸이 으시시한 게 감기가 오려나 보다. 저 영화를 보니 갑자기 몸이 으시시해지면서 소름이 돋는다. 공기가 차서 으시시하니 방 좀 따뜻하게 해라.' 등이 흔히들 사용하는 표현이다.

그러나 여기서 사용하는 '으시시하다'는 잘못된 표현이다. 바른말은 '으스스하다'이다. 부사 '으스스'는 '차거나 싫은 것이 몸에 닿았을 때 크게 소름이 돋는 모양'의 뜻으로서, '~하다'를 붙여 형용사 '으스스하다'가 된다. '추위에 온몸이 으스스 떨린다, 냉기가 으스스 스쳐가다, 으스스한 냉기가 방 안에 가득하다' 등으로 표현하면 된다. 으스스는 작은말로 '아스스, 오스스'를 사용한다.

'스'가 '시'로 잘못 사용되는 것은 '으시시'뿐이 아니다. '머리카락이나 털 따위가 몹시 어지럽게 일어나거나 흐트러져 있는 모양'을 말할 때 쓰는 '부시시하다' '어울리지 아니하게 우쭐거리며 뽐내다'를 뜻하는 '으시대다'도 마찬가지다. 둘 다 '부스스하다' '으스대다'로 써야 바른말이다.

'자고 일어나 부스스한 머리 모양새가 정말 우습다.' '가진 것도 없는 것이 으스대는 꼴을 볼 수가 없다.' 등으로 쓰면 옳다.

우리말 우리글 이따, 있다

많은 사람들, 특히 젊은이들이 '있다'와 '이따'를 구분하지 못하는 것을 흔히 목격한다.

'있다'는 '동물 사물 등이 어떤 장소에 존재하거나, 장소나 공간을 차지하고 있다, 어떤 사안이 발생하다.' 등등 다양한 의미로 손쉽게 사용하는 단어이다.

그러나 '이따'는 부사로서 '이따가'의 준말이며, '조금 지난 뒤에'의 뜻이다. 그래서 조금 지난 뒤에 상대에게 연락할 의사를 가진 사람은 '이따 연락할게'를 써야 바른 표현이다.

지금 당장 컴퓨터 게임 시작하자는 친구의 성화가 만만치 않지만 더욱 절친한 친구 '철수'가 오면 그때 게임을 시작하고 싶을 때에는 '이따 철수 오면 함께 하자.'라고 한다.

'이따 다시 연락하세요, 이따 우리끼리 만나서 놀자, 이따 먹어도 된다는데, 지금 엄마 안 계시니까 이따가 오세요.' 등으로 사용하면 된다.

그러나 '있다가'도 표준말이다. '어느 위치에 계속 머무르고 있다'는 의미로 사용될 때는 '있다가'를 사용해도 된다. '있다'의 본 의미를 갖는 경우로 보면 된다.

열심히 공부하는 '철수'를 찾아 공부방에 들어온 '영희'가 자꾸만 '철수야 나가서 놀자'라며 유혹할 때 좀 더 그 공간 내에 머물며 공부하고 싶을 때에는 '조금만 더 앉아 있다가 나가자.'라고 쓰면 바른말이다.

우리말 우리글

이라야, 이래야

'집이라야 2평짜리 방 한 칸이 고작이다.' '용돈이라야 한 달에 2만 원에 불과하니 어떻게 생활합니까?'

바르게 사용한 것일까?

두 표현에서 '집이라야'와 '용돈이라야'는 바른말이 아니다. '이래야'를 사용해야 바른 표현이다. '집이래야' '용돈이래야'가 바른말이다.

사전을 살펴보면 '-래야'는 '-라고 해야'의 준말로, 대수롭지 않다는 뜻으로 주로 사용된다.

'바보래야 그에게 어울리는 평가가 됩니다.' '에어컨이래야 차가운 바람도 잘 나오지 않는 10년 전 구닥다리라네.' '휴가래야 하루가 고작입니다.' 등으로 사용하면 된다.

'-라야'는 어떤 사물을 지정하거나 대수롭지 않게 여기며 그것을 들어 말함을 나타내는 보조사 또는 '이다' '아니다'의 어간이나 어미 '-으시-' 뒤에 붙는 연결어미로서, '앞 절'에 나타난 일이 뒤 절 일의 조건임을 나타낸다.

다음과 같이 사용하면 된다.

'너라야 우리 가문을 빛낼 수 있다.' '22세기라야 그 병은 치료가 가능할 것이다.' '선수가 되려면 약골이 아니라야 한다.' '태권도 유단자라야 시험에 참여할 수 있다.'

우리말 우리글

이래 뵈도, 이래 봬도

'이래 뵈도 지난해 전국체전에서 금메달을 딴 유도 선수입니다.'

어설프고, 시원찮아 보여도 대단한 인물이 많으므로 사람을 겉모습만 보고 판단할 일이 아니다. 윗글 '이래 뵈도'는 잘못된 말이다. '이래 봬도'가 바른말이다.

'이래 봬도'를 살펴보자. '이래'는 부사로서 '이리하여'와 '이러하여'의 준말이다. 다음 '봬도'를 보자. '보다'의 피동형은 '보이다'이고, '보이다'의 준말은 '뵈다'이다. '뵈다'의 어간 '뵈'에 가정과 양보의 뜻을 나타내는 연결어미 '어도'가 붙어 '뵈어도'가 됐고, 준말이 '봬도'이다. 따라서 '이래 보이어도, 이래 뵈어도'는 모두 쓸 수 있다. 그러나 발음하기가 편해 '이래 봬도'를 쓴다.

'뵈도'를 쓸 수 없는 이유를 살펴보자. '뵈도'는 '보이도'의 준말이며, 가정과 양보 등을 나타내는 '-어도'가 붙어 형성된 말이 아니므로 이 의미로 쓸 수가 없는 말이다.

'이래 봐도 지난해 전국체전에서 금메달을 딴 유도 선수입니다.' 또한 쓸 수 없다. '이래 봐도'는 타동사 '보다'에 가정이나 양보의 뜻을 나타내는 연결어미 '아도'가 붙은 것이기 때문이다.

우리말 우리글 이럴려면, 그럴려면

"이럴려면 다시는 오지 마라!" "그럴려면 오라고 연락하지를 말지."

서로 상대의 말뜻을 잘 이해하지 못한 듯 보인다. 더구나 바른말을 사용하지 않았으니 더욱 답답하다. '이럴려면, 그럴려면'은 대화를 통해, 또는 글쓰기를 통해 흔히 사용해서 바른말로 착각하지만 아니다. '이러려면 다시는 오지 마라!' '그러려면 오라고 연락하지를 말지.'처럼 써야 바른말이다.

'이러려면'은 '이리하다'의 준말 '이러다'에 '어떤 의사를 실현하려고 한다면' 또는 '어떤 가상의 일이 사실로 실현되기 위해서는'의 뜻을 나타내는 연결 어미 '-려면'이 붙어 완성된 말이다. '그러려면'도 똑같은 경우다. '그리하다'의 준말 '그러다'에 '-려면'이 붙은 말이다.

'집을 지으려면 먼저 쾌적한 환경이 돋보이는 땅부터 구입하세요.' '제시간에 도착하려면 한 시간 먼저 출발해야 합니다.'처럼 쓰면 된다.

그러나 이 경우 동사의 원형이 '물다, 돌다'처럼 어간이 'ㄹ' 받침인 경우에는 '무려면, 도려면'이 아니라 '물려면, 돌려면'으로 사용된다는 것을 명심해야 실수가 없다.

이 글에 앞서 소개한 것처럼 '–려야'도 '–려면'과 같은 경우다. '발이 묶여 갈래야 갈 수가 없다.'처럼 잘못 사용하고 있으나 '발이 묶여 가려야 갈 수가 없다.'로 써야 바른말이다.

우리말 우리글

이에요, 이예요

'이에요'는 서술격 조사 '이다'에 어미 '에요'가 붙은 것이다. '이에요'의 준말은 '예요'다. 따라서 '신문이예요'는 '신문이이에요'라고 쓴 꼴이니 잘못 사용한 것으로서, '신문이에요'가 맞는 말이다.

'~이에요'는 '~이어요'라고 사용해도 괜찮다. 많이 사용하지 않아 낯설게 들리지만 둘 다 표준어임을 알아두자.

'이에요'와 '예요' 사용에는 규칙이 하나 있다. 앞 말이 '모음'으로 끝나면 '~예요'를 사용하고, '자음'으로 끝나면 '~이에요'를 사용한다.

'이것은 탁자예요.'는 '탁자'가 '모음'으로 끝났으니 '예요'를 사용하는 것이며, '이것은 공책이에요.'는 '공책'이 '자음'으로 끝났으므로 '이에요'가 붙은 것이다.

예외는 있는 법이다. '이예요'라고 사용해야 되는 경우도 있다. 우리말은 받침 있는 사람 이름에 접미사 '이'가 붙는다. '김희정'이라는 이름을 보자. 보통 이름을 말할 때 '희정이'라고 말한다. 그래서 '희정이에요'가 아니라 '희정이예요'라고 해야 옳다. '희정이'에다 '이에요'의 준말인 '예요'가 붙은 것으로, '이'가 두 번 반복되는 것을 피하기 위해 준대로 적는 것이다.

'모음'으로 끝나면서도 '예요'가 되는 경우는 '아니에요'이다. 준말 '아네요'라고도 쓴다. '아니다'의 어간 '아니'에 어미 '에요'가 붙은 것이다.

우리말 우리글 익숙치 않아서

'익숙치 않아서 그렇습니다.'

윗글은 '익숙치'가 아니라 '익숙지'가 바른말이다. '익숙지'와 '익숙치'를 가려 쓰는 것이 익숙지 않더라도 잘 가려서 바르게 써야 한다.

'~하다' 용언을 준말 형태로 사용할 때에는 '어간의 끝음절이 울림소리 즉 유성음(모음, ㄴ, ㄹ, ㅁ, ㅇ)일 때는 '하'의 'ㅏ'만 탈락하면서 'ㅎ'이 살아 다음 음절의 첫소리와 결합하고, 안울림소리 즉 무성음(유성음 이외의 것)일 경우에는 하가 모두 탈락해 뒷말과 결합한다.'

즉 유성음이면 'ㅎ'이 살아 뒷말과 결합하면서 거센소리가 되고, 무성음이면 '하'가 사라지고, 그래서 결합해도 뒷말이 그대로 유지된다.

'익숙하지 않아서'를 살펴보자. '익숙'이 무성음 'ㄱ'으로 끝나므로 '하'가 사라져 뒷말과 결합하게 된다. 그래서 '익숙치 않아서'가 아니라 '익숙지 않아서'가 된다. '생각하건대'도 같은 경우다. '생각'이 무성음 'ㄱ'으로 끝나므로 '하다'의 '하'가 사라지고, 준말은 '생각컨대'가 아니라 '생각건대'가 된다.

'답답하지 않다'도 '답답'이 무성음 'ㅂ'으로 끝나므로 '답답치'가 아니라 '답답지'가 된다. 먹먹하지, 섭섭하지 등도 마찬가지다.

반대로 유성음으로 끝나는 경우를 보자. '간단하지 않다'의 '간단'은 유성음 'ㄴ'으로 끝나므로 'ㅎ'이 살아 있어 '간단지'가 아니라 '간단치 않다'가 된다. '고요하지 않다'는 '고요'가 모음으로 끝나므로 'ㅎ'이 살아 '고요치 않다'가 되는 것이다. 그래서 '가(可)하다'는 '가타', '부(否)하다'는 '부타'가 된다. '가타부타'도 여기서 출발한 것이다.

우리말 우리글

있슴, 있음

평서문의 종결어미는 '-읍니다'였으나 한글맞춤법 개정에 따라 '-습니다'로 바뀌었다. 따라서 '있습니다, 먹습니다, 갔습니다, 없습니다' 등으로 사용되고 있다.

그러나 '습니다'로 바뀌고 나니까 명사형으로 바뀌는 것에서 오류 발생이 빈번하다. '-습니다'의 명사형을 '-슴'으로 잘못 생각해 '있슴, 없슴' 등을 만들어 낸 것이 대표적이다.

'먹습니다'의 명사형이 '먹슴'이 될 수 없으며, '갔습니다'의 명사형이 '갔슴'이 될 수는 없다.

동사, 형용사를 명사 구실을 하게 하는 전성어미는 '음'이다. 그러므로 '있습니다'의 명사형은 '있음' '없습니다'의 명사형은 '없음'인 것이다.

'아직 그 사건에 대해 정확한 내용이 보고된 바 없음.' '부모님이 올 때까지 하루 종일 기다리고 있음.' '일을 마치고 모두 갔음.' 등으로 쓰면 된다.

우리말 우리글

있음에, 있으매

부모님이 계셔 우리가 존재할 수 있으니 '부모님이 있음에 우리가 있다'고 쓴다.

그러나 흔히 '~이 있음에 ~이 있다, ~이 있음에 ~하다' 등의 형태로 쓰이는 글은 대개 '-으매'를 잘못 사용한 것이다.

'~음에'와 '~으매'는 의미가 다르므로 반드시 구분해 써야 한다. 윗글은 '부모님이 있으매 우리가 있다'로 써야 바른말이다.

'-으매'는 어떤 일에 대한 원인이나 근거를 나타내는 연결어미다. 즉 앞의 말이 뒤의 말에 대한 원인이나 근거가 된다.

'정한 날에 돈을 갚으매 집이 경매로 넘어가는 불행을 막을 수 있었다, 남의 말을 듣지 않고 매사 우기매 그와 거래를 하려는 사람이 없다.'처럼 사용한다. 이 문장도 흔히 '돈을 갚음에' 또는 '매사 우김에'처럼 사용하게 되지만 바른 사용이 아니다.

'-음에'는 달리 사용된다. 주로 '-음에도'의 형태로 사용된다. 명사형 어미 '-음'과 격 조사 '에', 보조사 '도'가 결합한 말이다. 흔히 '불구하고' 앞에 쓰인다.

'돈을 먼저 지불했음에도 주문한 상품을 보내주지 않았다, 평소보다 일찍 출근했음에도 불구하고 보고서는 작성조차 해 두지 않았다.'처럼 쓴다.

우리말 우리글 자랑스러운, 자랑스런

'자랑스러운'이 바른말이다.

'~스럽다'는 일부 명사 뒤에 붙어서 '그러한 성질이 있음'의 뜻을 더하고, 형용사를 만드는 접미사이다. '~스럽다'는 'ㅂ불규칙활용형'으로 어간의 끝인 'ㅂ'이 탈락하며 '우'로 바뀐다. 그래서 '-스러우니, -스러워, -스러운'으로 활용된다.

'ㅂ불규칙활용형'은 ㅂ이 탈락하면, 'ㅗ'나 'ㅜ'로 바뀌며, 'ㅗ'나 'ㅜ'는 절대 줄거나 탈락해 없어진 채 사용되는 경우가 없음을 명심해야 한다.

따라서 '자랑스럽다'는 활용형으로 '자랑스러운'이 되지 'ㅜ'가 탈락된 '자랑스런'은 될 수가 없는 것이다. '자랑스러워서'가 '자랑스러서'가 될 수 없고, '자랑스러우니'가 '자랑스러니'가 될 수 없는 것과 같은 이치임을 명심해야 한다.

초등학교 시절부터 '국기에 대한 맹세'를 외우면서 '나는 자랑스런 태극기 앞에 조국과 민족의 무궁한…'이라고 잘못 외우면서 지금도 수많은 사람이 '자랑스런'으로 잘못 알고 있는 것이다.

'영광스럽다, 부끄럽다, 싱그럽다'의 활용형도 '영광스런, 부끄런, 싱그런' 대신 '영광스러운, 부끄러운, 싱그러운'으로 맞게 써야 한다.

'ㅗ'로 바뀌는 경우는 '곱다, 돕다' 두 경우로서, '고와, 도와'로 활용된다. 그래서 '꽃이 고워서'가 아니라 '꽃이 고와서'가 맞다.

우리말 우리글

작다, 적다

'작다'와 '적다'는 아주 흔한 실수를 나타내는 말이다. 길이, 넓이, 부피 등은 '작다'를, 수효, 양이나 정도 등은 '적다'를 사용한다.

그러나 '작다'와 '적다' 둘 다 '정도가 비교 대상이나 보통 수준 또는 일정한 기준에 못 미친다'의 뜻을 가지고 있어 함께 사용할 수 있는 말들도 많다는 것이 문제이다.

'작다'는 '길이, 넓이, 부피 따위가 비교 대상이나 보통보다 덜하다.'의 의미로 '키가 작은(큰) 남자 아이, 작은(큰) 평수의 아파트, 작은(큰) 공, 작은(큰) 신발, 옷이 치수가 작다(크다)'처럼 사용한다.

'일의 규모, 범위, 정도, 중요성 따위가 비교 대상이나 보통 수준에 미치지 못하다.'의 뜻으로 '행사가 작다, 작은 사건, 작은 문제' 등으로 쓴다.

'적다'는 '수효나 분량, 정도가 일정한 기준에 미치지 못하다.'를 뜻한다. '올해 수입이 적다(많다), 양이 적다(많다), 관심이 적다(많다)'처럼 사용한다.

길이 넓이 부피처럼 실체가 분명한 것은 크고 작은 것이며, 수효나 양은 많고 적은 것이라 생각하고 구분해 써야 옳다. 실체가 분명하지 않은 정신적 영역의 것들은 정도에 따라 크다 작다, 많다 적다를 혼용해 쓰는 경우가 많다. 큰 영향 작은 영향, 많은 영향 적은 영향, 큰 관심 작은 관심, 많은 관심 적은 관심처럼.

우리말 우리글

전세집, 전셋집, 월세방, 월셋방

다달이 방을 빌려 쓰는 비용을 지불하는 것을 '삯월세, 삭월세' 등으로 아무렇게나 쓰던 '사글세'는 많이 계몽이 되다 보니 다들 '사글세'로 바르게 사용한다.

그러나 월세, 전세와 관련된 말은 아직도 많이 혼란스러워 한다. 위의 글은 '전셋집, 월세방'이 바른말이다. '월세방' 대신 '사글셋방'이라 써도 같은 말이다.

주택 임대와 관련해서는 '전셋집'은 전세(傳貰)라는 한자어에 순우리말 '집'이 붙은 경우로서, 뒷말의 첫소리가 된소리로 나므로 '전셋집'으로 써야 된다. '월세방(月貰房)'은 모두 한자어로서 사이시옷을 사용하지 않는다.

한자어의 사이시옷은 '횟수(回數), 셋방(貰房), 숫자(數字), 찻간(車間), 곳간(庫間), 툇간(退間)' 여섯 개에만 적용된다. '전세를 받고 빌려주는 방 또는 전세를 주고 빌려 쓰는 방'이란 의미의 '전세방'도 '월세방'처럼 사이시옷을 사용하지 않는다.

우리말 우리글 절대절명, 절체절명

'수십 년 동안 키워 온 회사가 곧 문을 닫게 될 절대절명의 위기에 직면하자 전 직원이 회사를 구하기 위해 합심해 일어섰습니다.'

윗글의 '절대절명의 위기'란 과연 있는 것일까? '절체절명(絶體絶命)'의 위기는 있어도 '절대절명'의 위기는 없다. 여기서 사용한 '절대절명'은 '절체절명'의 잘못된 사용이다.

절체절명(絶體絶命)은 '몸도 목숨도 다 되었다는 뜻으로, 어찌할 수 없는 절박한 경우를 비유적으로 이르는 말'이다.

따라서 이러지도 저러지도 못하게 돼 아주 난감해진 상황에 처하거나, 도저히 벗어날 수 없게 된 경우, 기업 또는 살아 있는 생명체가 곧 삶을 다하거나 망하게 되는 경우 등 정말 절박해진 상황에 처했을 때 우리는 '절체절명'을 사용한다.

그러나 많은 이들이 '절대절명'으로 잘못 사용하고 있으며, 일부 언론 또한 예외가 아니어서 신문 기사에 등장할 만큼 실수가 빈번하다.

우리말에는 '절대 권력, 절대 기업, 절대 진리, 절대 자유'처럼 '상대하여 비교할 만한 것이 없음'의 뜻을 나타내는 '절대(絶對)'가 많이 사용되며, 절대로의 준말 '절대(絶對)'도 있다. 이렇게 '절대'가 많이 사용되기 때문에 엉뚱하게 '절대'가 '절체' 자리에 잘못 올라선 것으로 보인다.

접지르다, 접질리다

'발목을 접질러 하루 종일 집에만 박혀 있었습니다.' '발목을 접지르면 움직일 수가 없어 정말 답답하지요.'

손목이나 발목을 삐면 여간 답답하지 않다. 필요한 것을 만들 수도, 걸을 수도 없으니 너나 나나 할 것 없이 정말 답답하다. 그런데 이 경우 많이 사용하는 '접지르다'는 잘못 사용하는 말이다. 바른말은 '접질리다'이다.

윗글은 '발목을 접질려' '발목을 접질리면'으로 고쳐 써야 한다.

'접질리다'는 '심한 충격으로 지나치게 접혀서 삔 지경에 이르다.' '(비유적으로) 기가 꺾이다.'가 뜻이다. '접질리어, 접질려, 접질리니' 등으로 활용된다.

그러나 '접지르다'가 바른말인 줄 알고 있어 과거형으로 '접질렀다'를 많이 사용한다. 그러나 '접질렸다'는 있어도 '접질렀다'는 있을 수 없는 말이므로 사용해서는 안 된다.

'오른팔을 접질리는 바람에 일주일 동안 왼팔을 사용했습니다.' '저도 예전에 팔을 접질렸는데, 정말 불편했습니다.' 이처럼 사용해야 바른말이다.

이와 비슷한 말로 '겹질리다'가 있다. '접질리다'와 활용형도 같다. '몸의 근육이나 관절이 제 방향대로 움직이지 않거나 지나치게 빨리 움직여서 다치다.'가 그 뜻이다. 우리말 활용 차원에서 '접질리다'와 함께 사용하면 좋을 듯하다.

조그만하다, 조그마하다

"조그만한 놈이 어찌나 기운이 세던지 쌀 한 가마를 등에 지고 담을 넘어갔습니다." "그래요? 철수 그 녀석, 자그만한 놈이라 힘도 없을 줄 알았는데 그렇게 힘이 세다니 놀랍네요."

우리는 흔히 '조그만하다' 또는 '자그만하다'라는 표현을 자주 쓴다. 그러나 바른말은 '조그마하다' '자그마하다'이다.

'조그마하다'는 '조금 작거나 적다, 그리 대단하지 아니하다'의 뜻을 지닌다. 준말은 '조그맣다'이다.

비슷한 말로 '자그마하다'는 '조금 작다, 그리 대단하지 않다'의 뜻으로, 준말은 '자그맣다'이다. 그래서 '조그만한' 아니라 '조그마한'이, '자그만한'이 아니라 '자그마한'이 옳은 말이다.

이처럼 조그마하다가 '조그만하다'로 흔히 잘못 사용되고 있는 것은 '조그마하다'의 준말 '조그맣다'의 관용형 '조그만'이 있어, 이를 잘못 활용하기 때문으로 풀이된다.

'조그마하다'는 '조그마하여, 조그마해, 조그마하니' 등으로 활용되고, '조그맣다'는 '조그매, 조그마니, 조그맣소' 등으로 활용된다.

우리말 우리글

좇다, 쫓다

'부와 명예를 쫓아 돌아다닌 지 수십 년이 다 됐지만 아직도 수중에는 한 푼도 없는 거지 신세입니다.'

틀린 곳이 없어 보이지만 위 문장의 '쫓아'는 바른 말이 아니다. 이 경우에는 '좇아'가 바른 말이다. 흔히들 잘 구분되지 않아서 그런지 '좇아'를 사용할 곳에 '쫓아'를 많이 사용한다.

사전을 빌려 보면 '좇다'는 '목표, 이상, 행복 따위를 추구하다. 남의 말이나 뜻을 따르다. 규칙이나 관습 따위를 지켜서 그대로 하다. 눈여겨보거나 눈길을 보내다. 생각을 하나하나 더듬어 가다. 남의 이론 따위를 따르다.'의 뜻이다.

'쫓다'는 '어떤 대상을 잡거나 만나기 위하여 뒤를 급히 따르다. 어떤 자리에서 떠나도록 몰다. 밀려드는 졸음이나 잡념 따위를 물리치다.'로 풀이된다.

풀이에서 보듯 '좇다'는 '부와 명예를 좇아'처럼 어떤 목적과 이상 등을 추구하고, 받아들이는 것이며, '쫓아'는 '막 문을 나서 달아나는 도둑의 뒤를 쫓아'처럼 실제 거리의 이동, 즉 공간의 이동이 발생하는 경우에 사용되는 것으로 둘을 구분하면 될 듯하다.

그러나 예외는 있다. '졸음과 잡념 등'은 실제 이동과는 거리가 멀지만 '쫓다'를 사용한다. '졸음과 잡념'은 정신적인 것을 따르고 받아들이는 것과는 분야가 다르며, 저만치 멀어지도록 떨쳐내는 것이라는 점에서 예외가 된 것으로 기억해두자.

우리말 우리글

좋겠구먼, 좋겠구만

"고속도로로 진입하는 차량을 보니 오늘 고속도로는 신년 휴일을 즐기려는 차량들로 인해 도로 정체가 심하겠구만." "그러게, 교통경찰이 조금 더 투입됐으면 좋겠구만."

두 사람의 대화에서 등장한 '구만'은 대화를 통해 많이 사용하는 말이지만 바른말이 아니다. 윗글에서는 '-구만' 대신 '-구먼'을 사용해야 바른 말이다.

'구먼'은 형용사의 어간이나 어미 '–았–'·'–었–'·'–겠–' 등에 붙어 반말이나 혼잣말로 새롭게 알게 된 사실에 주목하거나, 새삼스러운 감탄을 나타내는 종결어미이다. 따라서 대화체로 흔히 사용되는 '–구만'을 생각하며, 이것이 바른말이라 생각 말고, '–구먼'이 바른말임을 명심하자.

'어젯밤에 왔다고? 참 잘 왔구먼, 참 좋은 결정이구먼, 세계에서 제일 큰 인형이구먼, 바른말을 잘 쓰고 있구먼, 오늘이 당신 생일이구먼.' 등으로 활용하면 된다.

우리말 우리글

좋데, 좋대

'데'는 과거 어느 때에 직접 경험해 알게 된 사실을 지금 시점에서 말할 때 쓰는 종결형어미이다.

'네가 추천한 그 집 칼국수 맛은 정말 괜찮데, 어제 저녁에 만나보니 강 부장 아들 어린데도 말 잘하데, 고향 장터에는 아직도 소고기 국밥집이 있데, 이 과장 집에 동동주 아직 남아 있데, 그 놈 아직도 덩치 크데.' 등으로 사용하면 된다.

문장의 연결형으로도 사용된다. '밥 먹고 있는데 형이 들어왔다, TV 보고 있는데 포탄 소리가 들렸다.'처럼.

'대'는 '–다 하여' '–다고 해'의 준말로서, 다른 사람의 말이나 경험을 간접적으로 전달할 때 사용하는 어미이다. '김 대리가 어제 출장 다녀오다가 다리를 다쳤대, 옆집 김 반장이 며칠 전 교통사고로 죽었대요, 이 대리가 그러는데 한국호텔 중국 요리 정말 맛있대.' 등으로 사용한다. '왜 저리 잘났대, 웬 일이 이렇게 많대'처럼 빈정거리거나 못마땅할 때에도 '대'를 쓴다.

따라서 '그 집 술 맛 좋데'는 '그 집에서 술을 마셔 보니 맛 좋더라'는 의미이며, '그 집 술 맛 좋대'는 '그 집에서 파는 술 맛이 좋다고 누가 그러더라'는 의미이다.

좋지 않느냐, 좋지 않으냐

'드디어 원하는 대학에 합격했는데 좋지 않느냐?'

형설지공의 노력으로 대학에 입학했는데 왜 좋지 않겠는가. 그러나 제대로 묻자. 이때는 '좋지 않으냐?'로 써야 바른말이다.

'~지 않다.'가 많이 쓰이면서 '~지 않으냐?, ~지 않은' '~지 않느냐?, ~지 않는'도 많아 사용하지만 두 말의 사용처가 분명치 않아 서로 바꾸어 잘못 쓰는 경우가 많다.

'않으냐, 않은'과 '않느냐, 않는'은 앞의 말이 '형용사'가 사용됐느냐, '동사'가 사용됐느냐에 따라 구분된다.

형용사 뒤에서는 '않으냐, 않은'이, 동사 뒤에서는 '않느냐, 않는'이 온다, 그리고 동사인 경우 표현하는 시점이 현재면 '는'을, 과거면 '은'을 사용한다는 점만 잘 기억하면 된다.

따라서 위의 글 '좋지 않으냐?'는 '좋다'가 형용사이므로 뒤에 '않으냐'가 와야 하는 것이다.

'밝다, 빠르다'는 형용사다. 이 경우 '에너지를 절약해야 하는데 방이 너무 밝지 않으냐?' '너무 밝지 않은 옷을 입어라.' '아직 반팔 옷을 입기에는 너무 빠르지 않으냐?'처럼 사용하면 된다.

동사가 온 경우를 살펴보자. '먹다, 가다, 뛰다 '등이 모두 동사이다. 이 경우에는 '아침도 안 먹었다면서 왜 밥을 먹지 않느냐?' '먹지 않은 음식은 모두 버려라.' '왜 심부름을 가지 않느냐?' '그래서 오전에는 뛰지 않은 거구나.'처럼 쓰면 된다.

우리말 우리글

주르륵, 주루룩

"어찌나 부모와 헤어지는 장면이 슬픈지 공연을 보다가 나도 모르게 눈물이 주루룩 흘렀습니다." "저도 눈물이 많아서 슬픈 드라마라도 보면 눈물이 주룩주룩 흘러내립니다."

눈물을 흘리거나 빗물이 흐르는 것 등을 묘사할 때 우리는 '주루룩'이라는 표현을 쓴다. 그러나 바른말은 '주르륵'이다.

부사 '주르륵'은 '굵은 물줄기 따위가 빠르게 잠깐 흐르다가 그치는 소리. 또는 그 모양. 물건 따위가 비탈진 곳에서 빠르게 잠깐 미끄러져 내리다가 멎는 모양'을 뜻한다. 작은말은 '조르륵', 센말은 '쭈르륵'이다.

'더위에 한참을 바쁘게 움직였더니 금세 이마에서 땀이 주르륵 흘러내렸다.' '선반이 경사가 진 것도 모르고, 위에 바구니를 올려놓았더니 주르륵 흘러내려 물 양동이에 빠져버렸다.'처럼 쓰면 된다.

'주르륵'이 '주루룩'으로 잘못 쓰이고 있는 것은 '굵은 물줄기나 빗물 따위가 빠르게 잠깐 흐르다가 그치는 소리. 또는 그 모양'을 뜻하는 '주룩'이라는 부사와 '굵은 물줄기나 빗물 따위가 빠르게 자꾸 흐르거나 내리는 소리. 또는 그 모양, 주름이 고르게 많이 잡힌 모양'을 뜻하는 또 다른 부사 '주룩주룩'이 함께 사용되고 있기 때문으로 추정된다. 그러나 '주르륵'과 '주룩' '주룩주룩'은 별개의 부사이므로 제대로 써야 한다.

우리말 우리글 주야장창, 주구장창, 주야장천

"어제도 오늘도 하는 일 없이 주구장창 술만 퍼 마시고 다니니 어떤 안사람이 좋아하겠습니까?" "그러게 말입니다. 부인이 그렇게 알아듣게 설득을 하고 했지만 도무지 말을 듣지 않습니다. 주야장창 저렇게 술만 마시다가는 제명에 못 살 겁니다."

위 대화에서 나오듯 끊임없이 반복하는 행동이나 말, 계속해서 같은 짓을 할 때에 흔히 '주구장창, 주야장창'이라고 표현한다. 그러나 이것은 바른 우리말이 아니다. 바른말은 주야장천(晝夜長川)이다. 줄여서 장천(長川)으로 표현하기도 한다.

주야장천은 '밤낮으로 쉬지 않고 흐르는 시냇물과 같이 늘 잇따름'을 뜻한다. 국어사전에서는 '밤낮으로 쉬지 않고 잇따라서, 밤낮으로 쉬지 않고 연달아' 등으로 풀이하고 있다.

어쩌다가 '주야장천'이 '주구장창, 주야장창' 등으로 와전돼 쓰이고 있는지는 정확히 알 수 없으나 바른말이 아니니 사용해서는 안 된다.

'주야장천 도박에 매달려 허송세월하더니 드디어 알거지가 됐습니다, 주야장천 담배를 피우더니 결국 폐암 진단을 받았다.'처럼 써야 바른말이다.

주위가 산만하다

'이 아이는 주위가 산만해서 이런 수학 문제는 풀 수가 없다, 주민들의 주위를 다른 데로 돌리기 위해 그는 집에 불을 질렀다.'

윗글은 '주의가 산만하다, 주의를 돌리다'의 의미를 전하고자 하면서도 '주의(注意)' 대신 '주위(周圍)'를 잘못 사용한 경우다. 흔히 발견되는 실수다. '주의'를 써야 바른말이다.

'주의(注意)'는 한자 뜻처럼 '마음에 새겨 두고 조심함, 어떤 한 곳이나 일에 관심을 집중하여 기울임'을 뜻한다. '주의를 환기하다, 주의를 기울이다, 주의가 산만하다, 주의가 다른 곳으로 쏠렸다' 등으로 사용한다.

따라서 '주위'는 '주의'와 발음만 비슷할 뿐 대신해 사용할 수 있는 것이 아니다. 물론 '주위가 산만하다'고 할 때 주의가 산만한 아이나 어른 등 인물의 행동과 관련된 표현을 하려는 경우가 아니라면 다른 해석이 가능하다.

어떤 사물이나 사람을 둘러싸고 있는 것, 또는 그 환경을 '주위(周圍)'라고 하므로 '주위가 산만하다'는 '어떤 사물이나 사람을 둘러싼 주변이 어지럽거나 어수선하다'의 의미로 사용될 수는 있다. 그러나 대개는 위 예문처럼 '주위'로 잘못 쓰는 경우이므로 주의해야 한다.

우리말 우리글

지그시, 지긋이

‘그는 아이가 일어서려 하자 가방 끈을 지긋이 밟았다.’

지그시 밟았을까, 지긋이 밟았을까. 부사 ‘지그시’와 ‘지긋이’의 구분이 다소 혼란스럽다. 위 글은 ‘슬며시 힘을 주다’의 의미가 있으므로 ‘지그시 밟았다’가 바른말이다.

‘지그시’는 ‘슬며시 힘을 주는 모양, 조용히 참고 견디는 모양’을 뜻한다.

따라서 ‘그는 눈을 지그시 감고 그늘에서 쉬고 있었다, 삼촌은 입술을 지그시 깨문 채 상주들을 노려보았다.’처럼 쓴다.

또 ‘지긋이’는 ‘나이가 비교적 많아 듬직하게, 참을성 있게 끈지게’를 뜻한다. ‘나이가 지긋이 들어 보이는 노인이 웃으며 가게로 들어왔다, 그는 주위가 산만해 지긋이 한자리에 앉아 수학 문제를 푼다는 것은 있을 수 없는 일이다.’처럼 사용한다.

그러나 사전적 의미로 명확히 구분해 사용해야 하지만 ‘참을성 있게 끈질기게, 또는 조용히 참고 견디다’는 의미 전달에 있어서는 구분이 명확치 않다.

의미상 ‘지그시’와 ‘지긋이’를 함께 사용해도 무리는 없는 경우가 있다. ‘삼촌은 타오르는 분노를 지그시 참으며 상주들을 노려보았다.’에서 ‘삼촌은 타오르는 분노를 지긋이 참으며 상주들을 노려보았다.’로 서로 바꾸어 사용해도 의미는 큰 차이가 없기 때문이다.

우리말 우리글 지새우다, 지새다

'시험공부 한다고 밤을 지새고 나니 머리가 맑지 않다.'

잠을 자지 않으면 기억력이 떨어지게 마련이다. 위의 글은 '지새우다'를 잘못 사용한 것이다.

'지새다'와 '지새우다'를 구분해야 한다. '지새다'는 '달이 사라지면서 밤이 새다.'를 뜻한다. 중요한 것은 '지새다'는 목적어를 취하지 않는 자동사라는 것이다.

따라서 '입대 전야에 친구들과 밤이 지새도록 술을 마셨다, 잠깐 눈을 붙이고 났을 뿐인데 벌써 날은 지새고 여명이 얼굴을 두드리고 있었다.'처럼 쓴다.

'지새우다'를 보자. '('밤' 따위와 함께 쓰여) 고스란히 새우다.'를 뜻한다. '지새다'와 달리 타동사여서 목적어를 취할 수 있다. 그래서 '밤을 지새우고 나니 머리가 맑지 않다, 동짓달 길고 긴 밤을 지새우고 새벽 첫차로 떠났다.'처럼 사용한다.

'새다'와 '새우다'와 같은 경우다. '새다'는 '날이 밝아 오다'이고, '새우다'는 '(주로 '밤'을 목적어로 하여) 한숨도 자지 아니하고 밤을 지내다.'이다.

그래서 '새다'는 '밤을 새다'처럼 목적어를 취할 수 없다. '밤이 새는지도 모르고 책상에 앉아 있었다, 그는 밤이 새도록 울고 있었다.'처럼 쓴다.

이와 달리 '새우다'는 '일등을 목표로 밤을 새워 공부했다, 주문이 밀려들어 밤을 새워 공장을 가동해야 했다.'처럼 사용하면 된다.

우리말 우리글

짤렸다, 잘렸다

"아마도 이번에는 짤리겠지?" "설마 그 정도 일로 짤리기야 하겠어? 너무 걱정하지 말고 편안한 마음으로 기다려 봐."

회사에 큰 손실을 입혀 목이 달아나지는 않을까 가슴이 조마조마해진 직원과 이를 위로하는 직원 간에 오가는 대화다.

회사에서 쫓겨나거나 사고를 쳐서 해직을 당했을 때 흔히 우리는 '짤렸다'라고 표현한다. '옷을 벗었다'라는 점잖은 표현보다는 '짤리다'라는 강력한 단어를 써 해고됐거나 고용 관계에서 해지됐음을 설명한다. 그러나 '짤리다'는 잘못 사용한 말이며, '잘리다'가 바른 표현이므로, 윗글은 '잘렸다'라고 해야 한다.

사물을 동강을 내거나 끊어버리는 것, 또는 직원을 해고시킬 때 '자르다'라고 한다. 자르다의 피동형이 '잘리다'이다. 그러나 '잘리다'를 된소리로 사용하다 보니 '잘리다'가 '짤리다'가 되어버린 것이다. '짤리다'가 너무 자주 쓰여 '잘리다'를 쓰면 되레 어색할 정도이다

된소리를 즐겨 사용하다 보니 생겨난 여러 가지 잘못된 말들이 주위에 널려 있다. 찝게(집게), 쎄게(세게), 쑤세미(수세미), 딸리다(달리다), 쌩맥주(생맥주), 까시(가시) 등이 모두 그러하다. 괄호 안의 말이 바른말이다.

우리말 우리글

쩔어서, 절어서

"술에 쩔어서 하루 종일 횡성수설하고 있습니다." "뭐야, 술에 쩔어서 저래?"

술에 취해 정신을 못 차리거나 만취한 사람을 두고 우리는 '술에 쩔었다.'고 한다. 그러나 이때 사용하는 바른말은 '절었다'이다. 윗글은 기본형 '절다'에서 활용된 '절어서'로 써야 옳다.

술만이 아니라 피곤에 지친 사람을 지칭할 때도 '피로에 쩔었다'처럼 '쩔다'를 많이 사용하지만 '절다'로 써야 된다. 술이나 피로는 '쩌는' 것이 아니라 '저는' 것이다.

이와 함께 소금이나 땀, 때 등에 절어 있는 물건이나 사람 등에 대해 언급할 때에도 '절다'를 써야 함을 잊지 말아야 한다.

동사 '절다'는 '푸성귀나 생선 따위에 소금기나 식초, 설탕 따위가 배어들다, 땀이나 기름 따위의 더러운 물질이 묻거나 끼어 찌들다, 사람이 술이나 독한 기운에 의하여 영향을 받게 되다, 한쪽 다리가 짧거나 다쳐서 걸을 때에 몸을 한쪽으로 기우뚱거리다.'를 뜻한다.

따라서 '배추가 소금에 저니 부피가 반으로 줄었습니다, 친구들과 어울려 축구 경기를 치렀더니 온몸이 땀에 절었다, 돈 때문에 매일 연장 근무를 하더니 피로에 절어 얼굴이 말이 아닙니다.' 등으로 사용하면 된다.

우리말 우리글

쯤, 즈음

'공항을 향해 집을 나설 쯤에 대규모 시위가 벌어져 대중교통이 모두 멈추었다.'

일이나 행동 등이 어떻게 될 무렵 또는 어느 시점이나 일의 정도를 말하고자 할 때 '쯤과 즈음(즘)'을 많이 사용하지만 제대로 구분해 쓰지 않는 경우가 많다. 위 예문은 '쯤' 대신 '즈음'을 써야 바른말이다.

'쯤'을 보자. '쯤'은 '접미사'로서 일부 명사 또는 명사구 뒤에 붙어 '알맞은 한도, 그만큼가량'을 의미한다. 정확하지 않은 대강의 의미를 전할 때 쓰는 경우다. '내일쯤, 다음날쯤, 다음 달쯤, 내달쯤, 이쯤, 중간쯤, 그런 사정쯤, 5월 5일쯤, 내년쯤, 2017년쯤' 등으로 사용한다. 이처럼 항상 앞의 글에 붙여 씀을 기억하자.

'즈음'과 '즈음'의 준말 '즘'을 살펴보자. 어미 '-을' 뒤에 쓰여 '일이 어찌 될 무렵'을 뜻한다. '쯤'과 달리 '즈음(즘)'은 '의존명사'여서 반드시 앞의 글과 띄어 쓴다.

'야외 점심 식사를 준비할 즈음에 내리기 시작한 비가 하루 종일 내린다, 결혼식이 시작될 즈음에 식장에 등장한 낯선 여인에게로 하객의 시선이 집중됐다. 연습을 시작할 즘에야 그가 돌아왔다'처럼 쓴다.

우리말 우리글

찝적거리다, 찝쩍거리다

흔히 관심을 끌고 싶은 여성이 있으면 대개 호감을 사기 위해 말을 걸거나 약속을 만들기 위해 선물 공세를 펴기도 한다. 이때 그 남성의 행동이 격이 떨어지거나, 마음에 들지 않는 경우 흔히 우리는 '찝적거리지 마라'라고 한다.

그러나 이때 사용하는 바른말은 '집적거리지 마라' 또는 '찝쩍거리지 마라'이다. '집적거리다'는 '아무 일에나 함부로 자꾸 손대거나 참견하다. 말이나 행동으로 자꾸 남을 건드려 성가시게 하다.'의 뜻이다.

'시작한 신발 가게나 잘 할 생각을 해야지 그새 다른 거 해보겠다고 찝쩍거리고 다니냐?' '감기 걸려 몸 가누기도 힘이 든 아이를 툭 툭 치며 집적거리다가는 애 엄마에게 혼이 날거다.'처럼 사용하면 된다. 부사로는 '집적집적' 이것보다 센말 '찝쩍찝쩍'이 있다.

'집적거리다'와 센말 '찝쩍거리다' 이 두 단어를 함께 사용하다 보니 그런지 두 단어가 합쳐져 '찝적거리다'로 잘못 사용하는 경우가 있는 것 같다. '집적'처럼 보통 소리로 모두 쓰든지, '찝쩍'처럼 모두 센소리로 쓰든지 둘 중에 하나를 선택해 사용하면 실수가 없다.

차, 차이

'어제 한화와 삼성 경기는 자동차 사고를 당해서 못 봤지 뭐야. 한화가 몇 점 차이로 이겼냐?'

많은 야구팬은 전날 치러진 야구 경기 결과를 모르면 다음날 서로에게 묻곤 한다. 이때 어느 팀이 몇 점을 더 얻어 이겼는지 묻지만 바르게 묻고 답하는 경우가 많지 않다.

윗글처럼 경기에서 상대보다 더 획득한 점수를 묻는 경우에는 '차이'가 아니라 '차'를 사용해야 한다. '몇 점 차로 이겼냐?' '3점 차로 이겼다.'처럼 '차'를 사용해야 바른말이다.

'차(差)'는 '둘 이상의 사물을 견주었을 때에, 서로 다르게 나타나는 수준이나 정도'를 말한다. 흔히 말하는 '강남과 타 지역의 빈부 차' 'A지역과 B지역의 학력 차' '낮과 밤의 기온 차'를 비롯해, 각종 스포츠 경기에서 A팀과 B팀의 '점수 차', 농구 경기에서 A팀과 B팀의 '신장 차' 등이 바른 사용이다.

'차이(差異)'는 '서로 같지 아니하고 다름. 또는 그런 정도나 상태'를 뜻한다. '한 현상을 바라보는 두 집단의 견해 차이, 중동 사태를 바라보는 미국과 아랍권의 시각 차이, 아시아와 유럽 지역의 문화 차이, 능력 차이, 성격 차이' 등으로 사용하면 된다.

우리말 우리글

천만에 말씀, 천만의 말씀

"한글날을 공휴일로 만들 필요가 있냐고요? 천만에 말씀. 한글 창제의 높은 뜻을 기리고, 그날을 축하하는 의미에서라도 공휴일이어야 합니다."

어떤 말을 강하게 부정하고자 할 때 윗글처럼 '천만에 말씀'이라고 한다. 그러나 바른말은 '천만의 말씀'이다.

'천만의 말씀'은 남의 칭찬이나 사례에 대해 겸손을 표하거나 남이 한 말이나 주장에 대해 강하게 부정할 때 쓰는 관용구이다. '천만(千萬)'에 조사 '의'가 붙은 것으로서, '의'나 '에'로 둘 다 읽을 수는 있으나 '에'로 쓸 수는 없다.

"무너위에 가만히 있어도 땀이 줄줄 흐르는데, 이렇게 도와주시다니 정말 고맙습니다." "천만의 말씀, 당연히 도와 드려야죠." "너 내일이면 포기하고 담배 다시 피울 거야." "천만의 말씀, 나의 의지력을 어떻게 보고 그러는 겁니까?"처럼 사용하면 된다.

같은 뜻으로 사용되는 '천만에'는 '그렇지 아니하다, 절대 그럴 수 없다'는 뜻으로, 상대편의 말을 부정하거나 남이 한 말에 대해 겸양의 뜻을 나타낼 때 하는 감탄사이다. 따라서 '천만에, 그건 아냐.'처럼 혼자 사용되는 것이지, 다른 말을 수식하면서 사용될 수 없음을 명심하자.

우리말 우리글

초죽음, 초주검

'며칠 동안 밤을 새우며 감사 받느라 초죽음이 되었다.' '나 더 이상 잡지마라. 오늘도 늦게 들어가면 아버지에게 바로 초죽음이야.'

무척 피곤해 죽기 직전이거나 열심히 운동하거나 싸우다가 맞아 쓰러질 정도의 몸 상태가 되면 흔히 하는 말이 '초죽음'이다. 많이 사용지만 이때 사용하는 '초죽음'은 '초주검'의 잘못된 말이다.

'초주검(初주검)'은 명사로서, '두들겨 맞거나 병이 깊어서 거의 다 죽게 된 상태. 또는 피곤에 지쳐서 꼼짝을 할 수 없게 된 상태.'를 말한다.

여기서 '초(初)'는 '어떤 기간의 처음이나 초기'를 뜻하고, '주검'은 '죽은 사람의 몸'을 뜻한다. 따라서 의미 그대로 보면 '초기 죽은 사람의 몸, 초기의 사체.' 등으로 풀이될 수 있다. 그러나 접두사 '초(初)'가 붙은 사회에서 두루 쓰이는 말이라는 관점에서 볼 때 '막 죽기 직전의 상태, 거의 주검과 다를 바 없는 상태'라는 다소 과장된 표현으로 굳어진 듯하다.

'하루 종일 선거 운동 하느라 초주검이 됐다, 그는 늦은 밤 초주검이 돼서 집에 돌아왔다, 밤새 술을 마셨더니 오늘은 초주검 상태로 하루 종일 누워 있었다.' 등으로 사용하면 된다.

우리말 우리글

촛점, 초점

‘오늘 열린 강연은 세종시 법적 지위 부여에 촛점을 맞추고 있다.’

많은 사람들이 한자어 ‘초점(焦點)’을 ‘촛점’이라 잘못 사용한다. 위의 글은 ‘초점’이 바른말이다. 이처럼 두 음절로 된 한자어 사용에서 사이시옷을 넣는 경우 잘못 사용하는 예가 많다. ‘촛점, 댓가, 싯가, 갯수’ 등은 아예 단골이다. ‘초점, 대가, 시가, 개수’가 옳다.

한자어의 사이시옷은 ‘숫자(數字), 횟수(回數), 셋방(貰房), 곳간(庫間), 찻간(車間), 툇간(退間)’의 여섯 개 경우에만 사용이 허용된다. 나머지는 모두 사이시옷이 들어가 있는 것처럼 발음이 되더라도 무시하고 사이시옷을 빼고 적어야 바른말이 됨을 명심해야 한다.

이렇게 여섯 개의 사이시옷을 허락하다 보니 사이시옷이 들어가서는 안 되는 수많은 말들이 사이시옷을 사용해야 옳은 것처럼 흔히 잘못 사용되고 있다. 예외 규정 없이 무조건 한자어는 사이시옷을 사용할 수 없도록 했으면 헷갈리는 일이 없을 텐데, 아쉽다.

‘갯수(個數), 홧병(火病), 깃점(起點), 싯점(時點), 홋가(呼價), 숫가(酬價), 숫적(數的)’ 등도 흔히 잘못 사용하는 경우다. ‘개수, 화병, 기점, 시점, 호가, 수가, 수적’으로 써야 바른말이다.

우리말 우리글 추스리다, 추스르다

"어머님께서 어서 몸을 추스리고 일어나셔야 되는데, 결혼을 앞두고 걱정이 많으시겠습니다." "예, 입원 치료를 한 지 한 달이 다 돼 가지만 도무지 추슬리고 일어나시지를 못하니 이것저것 준비가 걱정입니다."

큰일을 앞두고 병이 나 입원 중인 지인의 어머니를 염려하며 건네는 드라마 대화 중 한 토막이다. '추어올려 잘 다루다, 몸을 가누어 움직이다. 일이나 생각 따위를 수습하여 처리하다.'를 뜻하는 말은 '추스리다'가 아니라 '추스르다'이다. '추스르다'는 '추스르니, 추스르면, 추스른, 추슬러, 추슬렀다' 등으로 활용된다.

그러나 '추스르다' 대신 '추스리다, 추슬리다'를 표준말로 잘못 알고 쓰는 바람에 '추스리면, 추스린, 추스려서, 추슬려, 추슬렸다,' 등으로 잘못 활용하는 경우가 많다.

'추스르다'는 '바지춤을 잘 추스르니 그제야 신사처럼 보였다, 군 생활에 지친 몸을 빨리 추스른 후 금세 취업을 하다니 정말 대견스럽습니다, 사업에 실패해 가정마저 엉망이 됐지만 사태를 잘 잘 추스르고 재기에 성공해 주변의 많은 관심을 받았다.' 등으로 쓰면 된다.

우리말 우리글

취업률, 취업율

'이 대학교는 취업률이 높다.' '이 대학교는 취업율이 높다.'

소리가 나는 대로 '취업율'이 바른말이라고 생각하기 쉽다. 그러나 '취업률'이 바른말이다.

'~율'과 '~률'은 비슷한 발음으로 인해 너무나 많이 잘못 사용되는 말 중의 하나이다. 그러나 사용 규칙만 머릿속에 정리된다면 아주 쉬운 말임을 명심하자.

'율'을 먼저 정리하면 '률'은 저절로 정리가 마무리된다. 원칙은 다음과 같다. '율' 앞의 말이 받침 없는 모음으로 끝나거나, 'ㄴ' 받침으로 끝나는 경우 '~율'을 사용한다. 그 나머지는 모두 '~률'을 사용하면 된다. 따라서 '취업률'은 '률' 앞의 말 '업'이 자음 'ㅂ'으로 끝났으니 '률'이 맞는 것이다.

사용 예를 살펴보자. '치사율, 방어율, 환율, 출산율, 교환율, 백분율' 등은 모두 앞의 말이 '모음' 또는 'ㄴ' 받침으로 끝난 경우다.

'합격률, 확률, 계약률, 입학률, 승률, 분양률, 성공률, 변동률, 조달률, 잠식률' 등은 앞의 예와 다른 경우로서 모두 '률'을 사용한 것이다.

'율과 률'의 법칙은 '열'과 '렬'에서도 동일하게 적용된다. '치열, 나열, 분열, 선열, 진열, 결렬, 병렬, 행렬'을 살펴보면 똑같은 원칙을 갖고 있음을 알 수 있다.

우리말
우리글

치고박고, 치고받고

“아주머니, 영수가 옆집 아이랑 싸움이 붙어 치고박고 난리가 났어요. 빨리 가보세요.”

크면서 흔히 하는 싸움이라지만 요즘은 옛날 같지 않아 상처라도 생기면 아이 싸움이 어른 싸움이 되고, 심지어 경찰이 오가기도 한다. 그러나 싸움에서 ‘치고받고’는 있어도 ‘치고박고’는 없다. ‘치고받고’ 난리가 난 것이다.

‘서로 말로 다투거나 실제로 때리면서 싸우는 것’은 ‘치고받다’라고 한다. ‘치고받다, 치고받고’가 ‘치고박다, 치고박고’로 잘못 사용되는 것은 ‘머리 따위를 부딪치다’를 뜻하는 ‘박다’ 때문으로 추정된다. ‘치고 박는다’는 의미를 생각하는 바람에 ‘치고받고’ 대신 ‘치고박고’를 잘못 사용해 온 것으로 보인다.

따라서 흔히 사용하는 ‘치고박고’는 이럴 때 사용해서는 안 된다. 힘겹게 벽에 못을 박는 경우라면 ‘치고, 박고를 거듭한 끝에 간신히 못질을 마쳤다.’로 쓰면 문제는 없다.

‘서로 자기 말이 옳다고 주장하면서 우기더니 한 시간째 저렇게 치고받고 논쟁을 벌입니다.’ ‘말로 해도 되는 것을 어른들이 저렇게 치고받고 싸우면 아이들이 무엇을 보고 배웁니까?’처럼 사용하면 된다.

우리말 우리글

치루다, 치르다

‘행사를 치뤘습니다.’ ‘행사를 치렀습니다.’ 바른말은 무엇일까?

‘치르다’는 ‘주어야 할 돈을 내주다.’ ‘무슨 일을 겪어 내다.’ ‘아침 점심 등을 먹다.’ 등의 뜻으로 사전에서 소개하고 있다. 따라서 윗글은 ‘치뤘습니다’가 맞을 것 같지만 ‘치렀습니다’가 바른말이다. 많은 사람들이 잘못 사용하고 있는 단어 중 하나이다.

‘지난주 가족들이 모두 뜻을 모아 아버님 칠순 잔치를 치뤘다.’ 또는 ‘얼마나 채권자의 닦달이 심한지 은행에서 대출을 받아 밀린 공사 대금을 치뤘다.’ ‘설명회 행사를 치루고 나니 밤 12시가 다 됐더라.’ 등등에서처럼 잘못된 단어 ‘치루다’ ‘치뤘다’가 어김없이 등장한다.

‘치르다’는 ‘치르니, 치러’ 등으로 활용돼야 한다. 따라서 ‘칠순 잔치를 치렀다’로 사용해야 바른 표현이다. 공사 대금을 치룬다는 것도 엉터리다. ‘치루다’가 표준어라야 ‘치루었다’ 또는 줄임말 ‘치뤘다’가 나올 수 있으므로, ‘돈을 치뤘다’라는 말은 사용할 수가 없음을 명심해야 한다. ‘돈을 치렀다’가 바른말이다.

우리말 우리글

칠칠맞게 왜 그래

'또 연필을 잃어버렸어? 너는 칠칠맞게 사 주는 학용품마다 죄다 잃어버리고 다니냐?'

학용품만 갖춰 주면 만날 잃어버리고 돌아오는 아들에게 어머니가 화가 나서 타박을 한다.

'칠칠맞다'는 '성질이나 일 처리가 반듯하고 야무지다.'를 뜻하는 '칠칠하다'의 속된 말이다. 이 단어는 주로 '못하다, 않다'와 함께 쓰여 반대의 뜻을 나타내는 데 사용된다.

따라서 만날 학용품을 잃어버리고 돌아오는 아들에게 '칠칠맞다'라는 표현을 쓰면, 타박이 아니라 잘했다고 칭찬을 하는 것이 된다. 그러므로 위 예문의 경우 '칠칠맞지 못하게 왜 그래?'로 써야 옳다.

'칠칠하다'가 있다. '나무, 풀, 머리털 따위가 잘 자라서 알차고 길다, 주접이 들지 아니하고 깨끗하고 단정하다. 성질이나 일 처리가 반듯하고 야무지다.'의 뜻을 지닌다.

따라서 '칠칠맞다'와 마찬가지로 '못하다, 않다'와 함께 사용돼, '칠칠하지 못하게 만날 교통사고를 내고 다니냐?'처럼 쓰면 된다. '이 대리는 칠칠찮게 작성하는 보고서마다 틀린 글들이 가득하다.'처럼 '칠칠찮다'를 직접 사용하기도 한다.

'칠칠맞다'는 '칠칠하다'의 속된 말이므로 '칠칠하다'를 사용해야 당연히 칠칠한 말솜씨가 돋보일 것이다.

우리말 우리글

'터울'의 바른 사용

'나이 차가 많아 보이는데 부부간 몇 살 터울이세요?'

요즘은 가꾸기 나름이라 부부간 나이 차를 쉽게 가늠하기 어렵다. 부부간 나이 차를 구체적으로 묻는 것도 예의가 아니지만 이렇게 질문을 던지는 것 자체가 크게 잘못된 것이다. 나이 차를 물을 때 아무 곳에나 '터울'을 사용해도 되는 것으로 알고 있지만 잘못 알고 있는 것이다. 터울을 사용할 수 있는 곳은 형제자매 간의 나이 차를 논할 때뿐이다.

'터울'은 '한 어머니의 먼저 낳은 아이와 다음에 낳은 아이와의 나이 차이, 또는 먼저 아이를 낳은 때로부터 다음 아이를 낳은 때까지의 사이'를 뜻하는 말이다.

즉 자식 간 위아래 나이 차가 얼마인지 묻거나 자식의 출산과 관련한 내용을 논할 때 '터울'을 사용하는 것이므로, 한 어머니에서 난 자식 간의 나이를 제외한 부부간, 친구 간 등 나머지 모든 경우에는 '터울'을 절대 사용해서는 안 된다.

따라서 '나이가 비슷해 보이지만 동생과 나는 여섯 살 터울이다.' '나는 막내 동생과 다섯 살 터울이라 어머니 대신 동생을 돌보며 학교를 다녔습니다.'처럼 사용하면 된다. 형제자매 간 나이 차가 많을 때를 의미하는 '터울이 지다' '터울이 뜨다' 등도 사용된다.

우리말 우리글

통째, 통채

'째'는 접미사로서, 명사 뒤에서 사용되며, '있는 그대로, 전부'의 뜻을 나타낸다. 또한 수량이나 기간을 나타내는 명사 뒤나 수사 뒤에 붙어 '차례나 등급'을 뜻하기도 한다. 따라서 '껍질째, 그릇째, 통째, 첫째, 사흘째, 며칠째' 등으로 사용된다. 따라서 위의 글은 '통째'가 바른말이다.

'채'는 집 등을 셀 때, 나물 따위를 가늘게 써는 일이나 썬 것을 말할 때 등에 쓴다. 또 '사흘도 채 안 돼서 돌아왔다, 밥그릇을 채 비우기도 전에'처럼 일정한 정도에 도달하지 못한 상태를 이를 때 사용된다.

이 외에 의존명사로서 '이미 있는 상태 그대로 있다, 어떤 상태가 계속된 그대로'의 뜻을 나타내는 말로 사용된다. '멧돼지를 산 채로 잡았다, 차에 탄 채 주먹을 휘둘렀다.' 등으로 쓰면 된다.

'체'도 함께 살펴보자. '그럴 듯하게 꾸미는 거짓 태도나 모양'을 뜻할 때 쓰는 의존명사다. '못 본 체 고개를 돌렸다, 아는 체를 하다.'처럼 쓴다.

그러나 '앞말이 뜻하는 행동이나 상태를 거짓으로 그럴듯하게 꾸밈'을 뜻하는 '체하다'가 있다. '못 들은 체하다, 안 먹은 체하다'처럼 반드시 붙여 써야 한다.

우리말 우리글

통틀어, 통털어

'지갑 속 천 원짜리 몇 장에다가 돼지 저금통 동전까지 다 꺼내 더해도 내가 가진 재산이라고는 통털어 1만 원이 고작입니다.'

부사로서, '있는 대로 모두 합하여'라는 뜻으로 사용되는 바른말은 윗글에서 사용된 '통털어'가 아니라 '통틀어'이다.

'있는 대로 모두 한데 묶다'를 뜻하는 동사 '통틀다'에서 나온 '통틀어'가 '통털어'로 잘못 사용되는 것은 '털다'에서 비롯된 것으로 추정된다.

'털다'는 '자기가 가지고 있는 것을 남김없이 내다, 남이 가진 재물을 몽땅 빼앗거나 그것이 보관된 장소를 모조리 뒤져 훔치다, 일, 감정, 병 따위를 완전히 극복하거나 말끔히 정리하다.'의 뜻을 가지고 있다.

따라서 가지고 있는 것을 모조리 어떻게 하거나 말끔히 정리한다는 '털다'의 의미가 오랫동안 두루 사용되다 보니 '통틀어' 대신 바르지 않은 '통털어'를 흔히 사용하는 듯하다.

'본사와 지사를 통틀어도 박사 학위 가진 사람이 세 명에 불과하다, 국내외를 통틀어도 그 물건 살 곳은 두 군데가 모두입니다.'처럼 사용하면 된다.

우리말 우리글 틀린 생각, 다른 생각

'다르다'와 '틀리다'를 잘못 사용하는 경우가 많다. 너무 흔히 잘못 사용하다 보니 대화 또는 토론의 장에서는 어김없이 '다르다'라고 해야 할 것을 '틀리다'라고 하는 사람들을 발견하게 된다.

어떤 한 분야에 대해서 상대와 서로 다른 의견이나 견해를 가지고 있을 경우에는 '틀리다' 대신 '다르다'를 사용해야 바른 표현이다. 윗글은 '나는 너와 생각이 다르다'가 맞는 표현이다.

'다르다'는 비교되는 두 대상이 같지 않거나 보통의 것과 달리 특별히 표가 나거나 두드러진 데가 있을 때 사용하는 말이다. 맞고 틀림의 문제로 생각하면 안 된다.

'취미가 다른 사람끼리 모이니 재미가 없다, 귤과 오렌지는 다르다, 프로 선수는 역시 다르다'처럼 사용한다.

'틀리다'는 '셈이나 사실 이치 따위가 맞지 않게 되거나 어긋나다, 사이가 틀어지다, 바라거나 하려는 일이 순조롭게 되지 못하다, 물건의 양쪽 끝이 서로 반대 방향으로 돌려지다' 등의 뜻으로 쓰인다.

'계산이 틀렸다, 답이 틀렸다, 성경 한 쪽을 안 틀리고 다 외웠다, 오늘 애인 만나기는 틀렸다, 네 심사가 틀렸으니 그렇게 말하지.'로 사용한다. '다르다'의 반대말은 '같다'며, '틀리다'의 반대말은 '맞다'임을 염두에 두면 도움이 된다.

우리말 우리글

폭팔, 폭발

화가 날 때 욱하는 혈기를 통제하지 못하면 큰 사고를 칠 수 있어 조심해야 한다. 흔한 실수 중 하나가 이때 사용하는 '폭발(暴發)'을 '폭팔'이라 발음하고, '폭팔'로 잘못 쓰는 것이다.

'폭발(暴發)'은 '속에 쌓여 있던 감정 따위가 일시에 세찬 기세로 나옴, 힘이나 열기 따위가 갑작스럽게 퍼지거나 일어남, 어떤 사건이 갑자기 벌어짐.'을 뜻한다.

또 다른 '폭발(爆發)'은 '불이 일어나며 갑작스럽게 터짐, 물질이 급격한 화학 변화나 물리 변화를 일으켜 부피가 몹시 커져 폭발음이나 파괴 작용이 따름. 또는 그런 현상.'을 뜻한다.

그래서 '참아 왔던 오랜 분노가 폭발했고, 결국 그는 마을을 떠나버렸다.' '기존 가수와 다른 창법과 춤으로 무장한 그의 인기가 폭발하며 그는 큰돈을 벌 수 있었다.' '지뢰가 폭발해 경계근무를 서던 병사들이 부상했다.'처럼 사용한다.

그러나 '폭발'의 정확한 발음은 '폭빨'이다. 그러나 '폭빨' 대신 '폭팔'로 불리기 일쑤고, 그러다 보니 '폭팔'로 잘못 적는 경우도 많다. '폭팔'로 잘못 사용된 것은 '폭빨'보다는 '폭팔'이 발음하기 쉬운 구조 때문이다.

이와 함께 '폭발시켜 부숨'을 뜻하는 '폭파(爆破)'란 단어도 '폭팔'의 사용에 영향을 끼친 것으로 추정된다.

우리말 우리글 풍지박산, 풍비박산

어려운 일에 처해 가정이나 단체 등이 해체돼 버리거나 뿔뿔이 흩어지는 일에 처하게 되면 그 모양새를 두고 우리는 '풍지박산이 났다.' 또는 '풍지박살이 났다.' '풍비박살이 났다.' 등으로 사용하고는 한다. 그러나 이때 사용해야 할 바른말은 '풍비박산이 났다.'이다.

풍비박산(風飛雹散)은 명사로서, '사방으로 날아 흩어지다.'의 뜻을 가진다. 이 말을 한자어를 통해 살펴보자. 바람풍(風), 날비(飛), 우박박(雹), 흩을산(散)이니 '바람에 우박이 흩어져 날린다.'의 뜻이다. 우박이 바람에 날리어 산산이 흩어져 있는 모습을 봤거나 상상하는 그대로이다. 멀쩡하던 것이 아주 엉망이 되어 산산이 조각이 나 흩어지면 그것이 바로 풍비박산이다.

따라서 가장의 사업이 망하게 돼 생활이 어려워진 가족이 돈을 벌기 위해 이곳저곳으로 흩어지면 '가정이 풍비박산이 났다.'라고 표현한다. 또 잘 나가던 정당이 당원들의 갈등이 격화되면서 당이 쪼개져 당원들이 뿔뿔이 흩어져도 마찬가지고, 일사불란하게 무리를 지어 구호를 외치던 시위대가 최루탄을 맞으며 갑자기 해산돼도 '풍비박산이 났다.'고 한다. 진열장 안의 유리병이 떨어져 박살이 나면서 조각이 이곳저곳으로 흩어진 것도 풍비박산한 것이다.

하느라고, 하노라고

'열심히 하느라고 했는데 이렇게 됐습니다. 다시 한번 기회를 주십시오.'

일을 망쳤거나 마음에 들지 않은 결과를 두고 상대에게 양해를 구할 때 우리는 이렇게 표현을 한다. 그러나 이때는 '열심히 하노라고 했는데'로 고쳐 써야 바른말이다. 이처럼 '–노라고'를 써야 할 자리에 '–느라고'를 쓰는 경우가 흔하니 주의해야 한다.

'느라고'는 동사 어간이나 높임의 어미 '–(으)시–' 뒤에 붙어 앞 절의 사태가 뒤 절의 사태에 목적이나 원인이 됨을 나타내는 연결어미이다.

예문을 통해 살펴보자. '돈 버느라고 일 년 내내 허리띠를 졸라맸다.' '밤새워 공부하느라고 눈이 빨갛게 변해버렸다.' '오랜만에 저녁 하느라고 부엌이 요란스럽다.' 문장을 살펴보면 앞 절이 뒤 절의 목적과 원인임을 알 수 있다.

'노라고'는 동사 어간이나 어미 '–으시–', '–었–', '–겠–' 뒤에 붙어 '자기 나름대로 꽤 노력했음'을 나타내는 연결어미다. '나름대로 한다고 했는데'의 의미가 부여된다고 생각하면 좀 더 이해하기 쉽다.

'효도를 하노라고 한 것인데 부모님 마음에 들지 않았습니다.' '잘 쓰노라고 쓴 것인데 스승님 작품과 비교해 보니 영 엉망입니다.'처럼 쓰면 된다.

우리말 우리글 하예지다, 하얘지다

'50세 이전에는 머리가 까만 것이 평생 세지 않을 것으로 생각했는데 50세가 넘자마자 머리가 하예졌습니다.' '나이 들어 머리가 하얘지는 것이야 어쩔 수 없지요.'

위 대화에서 '하얗다'의 변형으로 사용한 '하예지다, 하얘지다'는 '하얘지다'가 바른말이다.

'하얗다'는 '하야니, 하야오, 하얘' 등으로 활용되는 ㅎ불규칙 용언이다. 따라서 '하얗다'에 '-어 지다'가 붙어 결합하면 '하얘지다'가 된다. '하얗다'의 큰말 '허옇다'도 같다. '허여니, 허여오, 허예' 등으로 활용된다. 따라서 마찬가지로 '허예지다'로 써야 옳다.

'파랗다, 퍼렇다'도 비슷한 경우이다. 파랗다는 '파래, 파래지다'로, '퍼렇다'는 '퍼레, 퍼레지다'로 써야 한다.

그래서 '머리가 하얘서 만날 늙은 사람 취급을 받는다.' '어두운 골목에서 강도를 만나니 얼굴이 하얘져서 백지장과 다를 바 없었다.' '교통사고로 동생이 죽었다는 소식을 듣자 그는 얼굴이 허예졌다.' '건강한 모습을 부각해야 하는데, 얼굴이 너무 허예 모델로 채용할 수가 없다.'로 쓰면 된다.

우리말 우리글 한 켠, 한 편

'운동장 한 켠에서 울고 있는 동생을 발견했다, 마음 한 켠이 허전하더라.'

위 글처럼 일상에서 '한 켠'을 많이 사용하고 있다. 그러나 표준어가 아니다.

사전을 보면 '켠'은 '편'으로 고쳐 쓸 것을 권하고 있다. 따라서 사전에 없는 '한 켠'을 사용해서는 안 된다. '운동장 한편에서 울고 있는 동생을 발견했다. 마음 한편이 허전하더라.'처럼 고쳐 써야 한다.

명사의 '편(便)'을 살펴보자. '여러 패로 나누었을 때 그 하나하나의 쪽'을 뜻한다. '우리 편에 들면 용서해 주마, 세력이 큰 편에 서다.'처럼 쓴다.

의존명사로 널리 사용된다. '방향을 가리키는 말로서 사용되며, 대체로 어떤 부류에 속함을 나타내는 말로 쓰인다. 그래서 '쪽, 녘' 등과 같은 말로 사용한다. '흙먼지가 불어오는 편(쪽)으로 뛰어갔다, 얼음이 단단히 언 쪽(편, 녘)으로 건너갔다.'처럼 쓰면 된다.

더불어 '저 사람은 성격이 참 좋은 편이다, 요즘은 매주 운동을 하는 편이다, 우리 전기 자동차의 성능은 세계 시장에서 평판이 꽤 높은 편이다.'처럼 쓰인다.

방향을 가리키는 '쪽'은 의존명사로서 앞의 말과 띄어 써야 하지만 '한쪽'은 '어느 하나의 편이나 방향'을 뜻하는 한 단어로 굳어져 사전에 올라 있는 말이다. '한편'도 '한쪽'과 똑같은 경우로 한 단어다.

우리말 우리글

한가닥 하다, 한가락 하다

'내가 이렇게 키가 작아 아무것도 못할 것 같지만 씨름에서는 한가닥 하는 사람이야. 괜히 무시하지 마라.'

한 분야에서 솜씨나 재주가 있는 사람에게 '한가닥 하다'라고 표현하는 경우가 많다. 그러나 위의 바른말은 '한가락 하다'이다.

'한가락'은 '어떤 방면에서 썩 훌륭한 재주나 솜씨, 노래나 소리의 한 곡조'의 뜻이다. 그래서 '한가락 하다'는 '어떤 분야에서 뛰어난 솜씨와 재주로 왕성하게 활동을 하거나 이름을 날리다'를 뜻하는 관용구로 사용된다.

'노래라면 나도 한가락 하는 사람이야.' '모두 싸움을 잘 하는데, 나도 이 방면에서는 한가락 하는 사람이야.'라고 쓰면 된다.

'가닥'은 '한군데서 갈려 나온 낱낱의 줄, 빛이나 물 따위의 줄기, 한군데서 갈려 나온 낱낱의 줄이나 줄기 따위를 세는 단위'의 뜻이다. '한 가닥 한 가닥 꼬아 만든 실이라 정말 튼튼하다.' 등으로 사용된다.

또 '가닥을 잡다'는 '분위기, 상황, 생각 따위를 이치나 논리에 따라 바로 잡다.'를 뜻하는 관용구로 쓰인다.

한참, 한창

'가게가 한참 붐빌 시간에 찾아오시는 바람에 대접이 소홀했습니다.'

'한참 붐빌 시간'이란 사용을 피해야 하는 말이다. 의미상 이때는 '한참' 대신 '한창'을 사용해야 한다. '한창 붐빌 시간에 찾아오시는 바람에…'처럼 사용해야 한다.

'한창'과 '한참' 의미를 혼동해 잘못 쓰는 경우가 많다. 물론 '한참'을 써야 할 곳에 '한창'을 쓰는 경우보다는 '한창'을 써야 할 곳에 '한참'을 쓰는 경우가 보통 나타나는 실수다. 이 경우를 잘 살피면 될 듯하다.

'한창'은 '명사'로 사용되면 '어떤 일이 가장 활기 있고 왕성하게 일어나는 때, 또는 어떤 상태가 가장 무르익은 때'를 뜻한다. 또 '부사'로 쓰이면 '어떤 일이 가장 활기 있고 왕성하게 일어나는 모양, 또는 어떤 상태가 가장 무르익은 모양'을 뜻한다.

따라서 '요즘 산에는 노란 단풍이 한창이다.' '저 아파트는 지난해 분양을 하더니 공사가 한창이다.' '한창 뛰어놀 나이에 왜 저런지 모르겠다.'처럼 사용한다.

'한참'은 '명사'는 '시간이 상당히 지나는 동안'을 뜻하고, '부사'는 '어떤 일이 상당히 오래 일어나는 모양'을 의미한다.

그래서 '그가 가고 나서 한참 뒤에 동생이 왔다.' '밥을 천천히 먹어 한참 동안 앉아 기다렸다.' '가까워 보였는데, 보기와는 달리 한참 걸어야 했다.'처럼 사용한다.

우리말 우리글 햇볕, 햇빛

'햇빛'과 '햇볕'은 둘 다 표준어인데다 뜻도 비슷해 구분해 쓰기가 쉽지 않다.

'햇빛'은 '해의 빛'을 뜻하고, '햇볕'은 '해가 내리쬐는 기운'을 뜻한다. 풀이를 보면 '햇빛'은 해의 빛 그 자체에 의미를 부여하고자 하는 경우에 쓰고, '햇볕'은 해의 뜨거운 기운에 의미를 두고자 할 때 써야 함을 알 수 있다.

국립국어원의 표준국어대사전은 '햇빛이 비치다, 햇빛을 가리다, 풀잎마다 맺힌 이슬방울이 햇빛에 반사되어 반짝이고 있었다.'를 예문으로 들었다. 해의 빛 그 자체가 강조됐음을 알 수 있다.

또 '햇볕'의 사용에 '따사로운 햇볕, 햇볕이 들다, 햇볕에 그을리다, 햇볕을 받다, 햇볕을 쬐다, 햇볕이 쨍쨍 내리쬔다.'를 예문으로 소개했다.

그러나 예문을 통해서도 분명한 구분과 판단이 어려운 것이 사실이다. 특히 햇볕의 정의에 비해 예문은 햇빛과 크게 다를 것이 없다. 좀 더 분명한 뜻풀이가 필요하다. 따라서 그 구분이 분명할 때는 가려 쓰면 되지만 두 단어의 구분이 모호한 때는 함께 사용해도 큰 무리가 없다.

한여름 햇빛을 언급할 때 흔히 쓰는 '땡빛'은 바른말이 아니다. '땡볕'이라고 써야 한다. '땡볕'은 '따갑게 내리쬐는 뜨거운 볕'을 뜻한다.

우리말 우리글

홀몸, 홑몸

'홀몸도 아닌데 조심해서 행동해야지 이렇게 뛰어다니면 됩니까?' '홀몸도 아닌데 무거운 걸 들고 다니면 안 됩니다.' '홀몸도 아닌데 몸조심하세요.'

흔히 임신부에게 전하는 말이다. 임신한 몸이니 소중한 태아와 예비 엄마의 건강에 해가 될까 봐 당부하고, 권하는 말이지만 잘못된 말이다.

'홀'은 짝이 없이 혼자뿐이라는 뜻을 더하는 접두사이다. 그래서 홀몸은 남편이나 아내가 없거나 형제가 없는 사람을 말한다. 독신이다. 배우자를 잃어버리게 되면 홀을 붙여 홀어머니, 홀아비 등으로 표현한다.

그러나 '홑몸'은 딸린 사람이 없는 혼자의 몸. 아이를 갖지 않은 혼자의 몸을 말한다. 단신(單身)의 의미다. 그러므로 '홑몸도 아닌데 몸조심하세요.'라고 말해야 '아이를 가진 몸이니 몸조심하세요.'라는 바른 뜻이 된다.

따라서 결혼해서 아기를 가진 임신부가 염려스러워 건네는 말일 때에는 '홑몸'을 사용해야 함을 꼭 기억하자.

홑은 '짝을 이루지 않거나, 겹이 되지 않은 것'의 의미로서, 홑옷, 홑이불, 홑적삼 등으로도 쓴다.

우리말 우리글 '회자되다'의 바른 사용

'폭언으로 인구에 회자되다.'라는 말을 흔히 한다.

남의 입방아에 오르는 것을 두고 흔히 하는 표현으로 '인구(人口)에 회자(膾炙)되다'라는 말을 쓴다. 그러나 이때 사용하는 '회자되다, 회자하다, 회자됐다, 회자되고 있다' 등의 표현은 나쁜 일로 입에 오르내리는 경우에는 사용할 수 없다.

윗글의 경우에는 '폭언으로 입방아에 오르다, 폭언으로 구설에 오르다.' 처럼 쓰는 것이 옳다.

'회자(膾炙)'를 살펴보자. '회자'는 '회와 구운 고기라는 뜻으로, 칭찬을 받으며 여러 사람의 입에 자주 오르내림을 이르는 말'이다.

뜻풀이를 통해 보면 좋은 일로, 칭찬 또는 호평을 받으며 이 사람 저 사람의 이야깃거리가 되는 경우에 써야 된다.

그래서 '그의 글은 너무나 뛰어나 오랜 세월을 통해 인구에 회자되고 있다, 어려운 이웃을 돕고자 노력해 온 그의 선행은 수백 년이 지난 지금까지도 널리 회자하고 있습니다.'처럼 사용한다.

따라서 좋은 일로 입에 오르내리면 '회자'를, 나쁜 일로 입에 오르내리면 '입방아, 구설(口舌)'을 쓰는 것으로 구분을 해 두면 바른말을 사용할 수 있다.

사람의 입에 오르내리는 까닭에 사자성어로 '인구회자(人口膾炙)' 또는 '회자인구(膾炙人口)'로 쓰기도 한다.

우리말 우리글

흉폭하다, 흉포하다

'사소한 일에도 화를 참지 못해서, 돈에 눈이 멀어 흉기로 사람을 살해하는 등 각종 흉악한 범죄가 난무한다.'고 우려한다. 사실 메르스만 무서운 것이 아니라 지금의 흉포한 세태가 더 무섭다. 이때 사용하는 말은 '흉폭하다'가 아니라 '흉포(凶暴, 兇暴)하다'가 바른말이다.

'질이 흉악하고, 포악하다'를 뜻하는 '흉포하다'는 흔히 '흉폭하다'로 잘못 사용하곤 한다. 이러한 원인은 '흉포(凶暴, 兇暴)'에서 쓰이는 한자 '폭, 포(暴)' 때문이다. 뜻과 음이 '사나울 폭, 쬘 폭, 사나울 포' 등으로, '폭' 또는 '포'로 사용되기 때문에 혼란스러운 듯하다.

폭력(暴力), 폭동(暴動), 폭행(暴行), 폭로(暴露), 포악(暴惡), 횡포(橫暴) 등으로 사용된다. 이러한 경우는 많이 사용하는 단어라 구분에 크게 문제가 될 것이 없지만 '흉포하다'는 '흉폭하다'로 쓰는 경우가 많아 특히 주의해야 한다.

'질이 흉악하고, 포악함'을 뜻하는 명사 '흉포'를 '흉폭'이라고 하면 뜻이 전혀 달라진다. 한자는 다르지만 '흉폭(胸幅)'은 '흉포하다'와는 거리가 먼 '가슴의 너비'를 뜻하기 때문이다.

'그는 흉포한 성질을 숨기고 결혼을 했다, 화가 나면 흉포를 감추지 못하고 야단법석을 떤다.'처럼 사용한다.

우리말 우리글

흐리멍덩하다, 흐리멍텅하다

"밤을 새워 공부를 하고 나니 시험 보는 당일 머리가 흐리멍텅해져 시험을 제대로 볼 수가 없었다." "잠에 취해 머리가 흐리멍덩해져 그런 것이니 당연한 거지."

위 두 문장에서 사용된 '흐리멍텅'과 '흐리멍덩'에서 바른말은 '흐리멍덩'이다. '흐리멍텅하다'는 '흐리멍덩하다'의 잘못된 말이지만 십중팔구는 '흐리멍텅하다'를 바른말인 것으로 착각하고 있다.

'흐리멍덩하다'는 형용사로서 '정신이 맑지 못하고 흐리다, 옳고 그름의 구별이나 하는 일 따위가 아주 흐릿하여 분명하지 아니하다, 기억이 또렷하지 아니하고 흐릿하다, 귀에 들리는 것이 희미하다'의 뜻을 지닌다. '흐리멍덩하다'의 부사는 '흐리멍덩히'이며, '흐리멍덩하다'의 작은 말은 '하리망당하다'이다.

'흐리멍덩하다'는 '너는 늘 셈이 흐리멍덩해 욕을 먹는다, 잘못을 분명히 지적해야지 그렇게 흐리멍덩하게 말하면 알아듣겠니? 그렇게 혼잣말로 이야기를 하니 흐리멍덩해서 하나도 못 알아듣겠다.' 등으로 사용하면 된다.

'흐리멍덩'이 '흐리멍텅'으로 잘못 사용되고 있는 것은 멍청이를 뜻하는 '멍텅구리' 때문이라는 분석도 있으며, '덩'이 '텅'으로 강하게 발음되면서 '흐리멍텅'으로 잘못 사용되고 있는 것이라는 분석도 가능하다. 하여튼 바른말은 '흐리멍덩'임을 명심하자.

2

띄어쓰기

우리말 우리글 가량

수를 표현하는 말 중 대략 그 수 정도를 나타낼 때 쓰는 말이 '가량'이다. 그런데 '접미사'인 '가량'은 앞의 말과 붙여 써야 하지만 잘못 띄어 쓰는 경우가 많다. '가량하다'의 명사 '가량'과 착각해 띄어 쓰는 것이므로 주의해야 한다.

(수량을 나타내는 명사 또는 명사구 뒤에 붙어) '정도'의 뜻을 더하는 접미사 '가량(假量)'은 앞의 말과 항상 붙여 써야 한다.

'한 달가량'이 바른말이다. '십 원가량, 2년가량, 두 가마가량, 백 톤가량, 두 권가량, 세 양동이가량' 등으로 모두 붙여 쓴다.

'가량'은 나타내고자 하는 그 수량을 넘거나 부족하거나 두 경우 모두 사용할 수 있다. 따라서 사업을 시작하기 위해 11개월을 준비했건, 1년 1개월 또는 1년 2개월에 걸쳐 준비를 했건 모두 대강의 의미로 '1년가량'이라고 쓸 수 있다.

명사 '가량(假量)'은 '어떤 일에 대하여 확실한 계산은 아니나 얼마쯤이나 정도가 되리라고 짐작하여 봄.'을 뜻한다. 앞의 말과 반드시 띄어야 한다.

'짧은 시간 안에 큰돈을 벌어볼 가량으로 모든 부동산을 매각했다, 경리부 김 부장 가량대로 계산을 맡길 수는 없었다.'처럼 쓰면 된다.

우리말 우리글

간(間)

'이틀간' '서울 부산 간'

앞의 예문은 바른말이다. '이틀 간, 서울 부산간' 등처럼 붙여야 할 때 띄우고, 띄어야 할 때 붙여 쓰는 경우가 허다한 것이 '간'의 이용이다.

위 예문의 '간'처럼 '간'은 접사면 붙여 쓰고, 의존명사면 띄어 쓰므로, 접사와 의존명사를 구분하면 띄어쓰기가 편리해진다. 기간을 뜻하면 붙이고, 지역 사이의 거리면 붙인다고 생각하면 간단하다.

먼저 '접사'를 보자. 이때 '간(間)'은 기간을 나타내는 일부 명사 뒤에 붙어 '동안'의 뜻을 더하거나 몇몇 명사 뒤에 붙어 '장소'의 뜻을 더하는 접미사이다. 따라서 '사흘간, 한 달간, 일 년간, 며칠간'처럼 '동안'의 뜻으로 사용된다. 또 '뒷간, 방앗간, 헛간'처럼 장소의 의미로 함께 사용된다.

'의존명사'로 사용되면 '한 대상에서 다른 대상까지의 사이, 일부 명사 뒤에 쓰여 '관계'의 뜻을 나타내는 말, '–고 간에, –거나 간에, –든지 간에' 등의 형태로 쓰여 앞에 나열된 말 가운데 어느 쪽인지를 가리지 않는다는 뜻을 나타내는 말'로 사용된다.

따라서 '한국과 일본 간, 대전과 세종시 간, 서울 대전 간, 국가 간, 자치단체 간, 세대 간, 남녀 간'처럼 쓴다. 또 '둘이 했거나 셋이 했거나 간에 모두 처벌을 하겠다, 돈으로 갚든지 물품으로 갚든지 간에 기일만 제대로 지켜서 가져오세요.'처럼 사용한다.

하지만 '남편과 아내 간'처럼 쓰면 '간'을 띄어 쓰지만, 같은 의미의 '부부간(夫婦間)'은 한 단어로서, 붙여 써야 한다. '부자간(父子間), 내외간(內外間), 좌우간(左右間)'처럼 한 단어로 굳어진 경우도 마찬가지다.

우리말 우리글 '-같이'와 '-같은'

'이같이 대강 만들어 수출하면 이 회사는 금세 망할 겁니다.' '당신은 이같은 짓을 하고도 무사할 줄 아세요?'

'이같이'와 '이 같은' 잘못 적기 쉬운 것 중의 하나다. 위 예문은 '이같이'는 맞지만 '이같은'은 '이 같은'으로 띄어야 한다. '이같이'는 쉽게 붙여서 적게 된다. 그러나 '이 같은'은 예문처럼 띄우지 않고, '이같은'처럼 잘못 붙여 쓰는 경우가 허다하다.

'같이'와 '같은'의 성격을 알고 나면 쓰기가 쉽다. '같이'는 '부사'일 때는 '둘 이상의 사람이나 사물이 함께' '어떤 상황이나 행동 따위와 다름이 없이'가 그 뜻이며, 띄어 쓴다.

'형과 같이 갈래요' '김 대리가 한 것과 같이 했다가는 사장님에게 혼납니다.'처럼 쓴다.

'같이'가 '조사'로 쓰이면 '(체언 뒤에 붙어) 앞말이 보이는 전형적인 어떤 특징처럼'의 뜻을 나타낸다. 그래서 '도둑같이 살면 안 된다, 이같이 하고는 어떻게 돈을 요구하니?'처럼 사용한다.

'같은'은 '같다'의 활용형으로, 형용사이므로 다음 예문처럼 무조건 띄어 쓴다. '바보 같은 삶을 살지 마라, 구름 같은 인생이다, 그 같은 방법으로 경영을 하면 안 됩니다.'

우리말 우리글 것, 거, 건, 걸, 게

'책상 위에 있는 것을 가져오시오.' '바른 일이 아닌 것은 하지 않습니다.'

위 문장의 '것'은 '의존명사'로서 앞의 말과 띄어 써야 바른말이다. '이것저것' 또는 '이것, 그것, 들것'처럼 한 단어로 사용되는 단어는 붙여 사용하지만 나머지는 전부 띄어 써야 한다.

그런데 '거(ㅅ탈락), 건(것은), 걸(것을), 게(것이)' 등이 있다. 이들은 '것'과 다른 것으로 보여 띄어쓰기가 헷갈릴 수 있으나 '것'이 구어체로 사용되며 'ㅅ'이 탈락하거나 조사가 붙어 사용되던 것이 줄어들어 변한 것이다.

따라서 '것'과 마찬가지로 반드시 띄어 사용해야 한다. 위 예문을 구어체로 표현하면 '책상 위에 있는 걸 가져오시오.' '바른 일이 아닌 건 하지 않습니다.'가 된다.

그러나 또다시 혼란스러운 말을 만나게 된다. '걸'이라고 모두 띄어 쓰는 것은 아니다. 비슷한 뜻으로 사용되는 어미 '–ㄴ걸' '–ㄹ걸'이 있다.

'–ㄴ걸'은 알고 있는 바나 기대가 다른 데 따른 가벼운 반박이나 감탄을 나타내는 종결어미다.

'–ㄹ걸'은 화자의 추측이 상대편이 이미 알고 있는 바나 기대와는 다른 것이거나 불확실한 추측을 나타내는 종결어미다.

따라서 '이미 지난 일인걸.' '스스로 결정한걸.' '돈이 없어도 살걸.' '지금은 집에 있을걸.' 등이 그러하다. 문장의 중간이 아니라 문장의 끝에 등장할 때만 종결어미로 붙여 사용된다는 점에 주목해야 한다.

우리말 우리글

겸, 내지, 등

두 말을 이어 주거나 열거할 때에 쓰는 말은 띄어 쓴다.

'겸(兼)'은 '의존명사'로서 '(둘 이상의 명사 사이에 쓰여) 그 명사들이 나타내는 의미를 아울러 지니고 있음을 나타내는 말, 두 가지 이상의 동작이나 행위를 아울러 함을 나타내는 말'로 사용된다. 그래서 '기획관리실장 겸 구조조정본부장' '얼굴도 볼 겸 빌린 돈도 돌려줄 겸'처럼 사용된다.

'내지(乃至)'는 '부사'며, (수량을 나타내는 말들 사이에 쓰여) '얼마에서 얼마까지'의 뜻을 나타내는 말, '그렇지 않으면'의 뜻으로 사용된다. '10개 내지 20개' '일주일 내지 열흘' '이백 명 내지 삼백 명' '이 동물은 경기도 내지 강원도에서 흔적을 찾을 수 있다.'처럼 사용한다.

흔히 열거의 뜻을 나타내는 의존명사 '등' '등등' '등속' '등지' '및' 등도 마찬가지다. '연필, 볼펜 등 필기도구' '공주, 부여 등지로 여행을 갔다.' '이불 및 베개 등'처럼 쓴다.

우리말 우리글 그럴 듯하다, 그럴듯하다

"살인 피의자 해명 들어봤습니까?" "그래, 누명을 쓴 것이지 범인이 아니라는 피의자 해명이 제법 그럴듯하다."

"김 과장 아직 안 오는 걸 보니 평소처럼 지각하겠죠?" "그럴 듯하다."

위 대화는 '그럴듯하다'와 '그럴 듯하다' 두 가지로 사용됐다. 어떨 때 띄어 쓰는 것인지 살펴보자.

'그럴듯하다'는 '형용사'로서, '제법 그렇다고 여길 만하다, 제법 훌륭하다'의 뜻을 갖는다. 따라서 첫 번째 대화는 범인이 아니라고 해명하는 피의자의 설명을 들으니 범인이 아니라고 여길 만하다는 것이므로 '그럴듯하다'로 붙여 쓴다.

'거지같이 생긴 것이 목욕하고, 머리까지 다듬고 보니 제법 그럴듯하다', '어린 초등학생인데도 소설 쓴 것을 보니 그럴듯하다.'처럼 사용하면 된다.

그러나 두 번째 대화는 김 과장이 평소처럼 지각할 것 같다는 추측을 하는 것이다. 따라서 앞말이 뜻하는 사건이나 상태 따위를 짐작하거나 추측함을 나타내는 보조형용사 '듯하다'와 함께 '그럴 듯하다'로 띄어 쓰는 것이다.

"일기예보도 있었는데, 오후에 눈이 오겠죠?" "흐린 걸 보니 그럴 듯하네."처럼 쓴다.

우리말 우리글

기계화되다, 기계화 되다

'~화되다, ~화하다' 형태의 말이 정말 많다. 특히 '화(化)'를 붙여 만든 이러한 형태의 말은 지나치게 많아서 문제일 정도이다.

위 글은 '기계화되다'가 바른 띄어쓰기다. '화'에 '되다'가 결합해 만들어진 '~화되다'의 원리를 살펴보자.

'화(化)'는 '(일부 명사 뒤에 붙어) 그렇게 만들거나 됨의 뜻을 더하는 접미사'이다. 기계화, 문서화, 대중화, 자동화, 자유화, 토착화 등 다양하게 사용되며, 한 단어로 사전에 등재된 단어도 있다. 그러나 사전에 등재되지 않았어도 접미사 '화'가 붙은 단어는 바른말이다.

'되다'는 (서술성을 가진 일부 명사 뒤에 붙어) '피동'의 뜻을 더하고 동사를 만드는 접미사 또는 (몇몇 명사, 어근, 부사 뒤에 붙어) 형용사를 만드는 접미사로 활용된다. 그래서 결정되다, 형성되다, 거짓되다, 참되다 등으로 사용된다.

따라서 '기계화되다'와 같은 형태로 '문서화되다, 대중화되다, 자동화되다, 자유화되다, 토착화되다' 등으로 활용된다. 물론 '대중화가 되다, 자동화가 되다' 형태로 '화'에 조사가 붙으면 '되다'는 띄운다. 이때는 '되다'가 접미사가 아니라 동사이므로 띄어 쓰는 것이다.

또한 '화'에 '하다'와 '시키다'를 결합하는 경우에도 붙여 쓴다. '화'에 붙여 사용하는 경우에는 둘 다 동사가 아니라 동사를 만드는 접미사여서 '화'에 붙여 쓰는 것이다. '기계화하다, 기계화시키다, 문서화하다, 문서화시키다, 대중화하다, 대중화시키다' 등으로 쓴다.

우리말 우리글

남편분, 남편 분

'분'의 띄어쓰기는 '의존명사'는 띄우고, '접사'는 붙이면 된다. 그러나 의존명사냐 접사냐를 구분하는 것이 열쇠다. 사람을 높여 부르는 '분'도 의존명사와 접사가 있어 잘 구분해야 한다.

의존명사 '분'은 '사람을 높여서 이르는 말, 높이는 사람을 세는 단위'이다. '찬성하시는 분 손을 드세요, 어느 분이 그랬는지 저는 알고 있습니다, 두 분이 오셨습니다, 지금까지 모두 열 분이 다쳤습니다.'처럼 띄어 쓰면 된다.

앞의 말과 붙여 쓰는 접사는 사람을 나타내는 일부 명사 뒤에 붙어 앞의 명사에 '높임'의 뜻을 더하는 접미사이다. '친구분, 남편분, 아내분, 동생분, 환자분' 등으로, 반드시 붙여 쓴다.

위의 '분'과는 다른 붙여 쓰는 '분(分)'을 살펴보자. 접사 '분'의 뜻은 다음과 같다. '전체를 그 수만큼 나눈 부분, 분량의 뜻을 더하는 접미사, 성분의 뜻을 더하는 접미사.' 등이다.

따라서 차례대로 '백만분의 일, 십만분의 오, 10분의 2, 5분의 3', '감소분, 증가분, 부족분, 초과분, 3인분, 10인분, 백 명분, 십 년분', '영양분, 당분'처럼 쓰면 된다.

우리말 우리글

대(代, 對, 大…)

여러 가지 의미로 사용되는 '대'는 주로 의존명사 또는 명사로 사용돼 '띄어 쓰는' 경우와 접사로 사용돼 '붙여 쓰는' 두 가지 경우로 크게 구분한다.

대(代)'는 '명사'로서, '한집안에서 이어 내려오는 혈통과 계보, 지위나 시대가 이어지고 있는 동안, 나이를 십 년 단위로 끊어 나타내는 말' 등으로 구분할 수 있다.

'가문의 대를 잇다' '삼십 대 젊은 회사원', '팔십 대 할아버지'처럼 띄어 쓰면 된다. 그러나 아라비아 숫자에는 붙여 쓸 수 있으므로 '30대, 10대' 처럼 쓸 수도 있다.

'대(對)'가 '의존명사'로 쓰이면 '사람이나 사물을 대비 또는 대립시킬 때' 쓴다. '한국 대 일본 축구 경기, 철수 대 영희, 창 대 칼'처럼 띄어 쓴다.

대(大)가 접두사로 쓰이면 '큰, 위대한, 훌륭한, 범위가 넓은'의 뜻이 되어 '대문호, 대찬성, 대가족'처럼 사용된다. '대(對)'가 접두사면 '그것을 상대로 한' 또는 '그것에 대항하는'의 뜻을 가지며, '대미 수출, 대일 무역적자'처럼 쓴다.

접미사로 쓰이는 '대(臺)'는 '그 값 또는 수를 넘어선 대강의 범위'의 뜻으로서, '백억 원대 재산, 20%대 실업률'처럼 쓰면 된다.

이 외에도 '물건 값을 치르는 돈'을 뜻하는 접미사 '대(代)'가 있어 '식대, 양곡대'처럼 쓰고, '화산대(帶), 지진대(帶)'도 있다.

대로

'법대로 하세요.' '법 대로 하세요.' 둘 중 어느 띄어쓰기가 바른말일까? 위 경우 '법대로'가 바른 띄어쓰기다.

'대로'는 '의존명사'일 때는 띄어 쓰고, '조사'일 때는 붙여 쓰는데, 우선 뜻부터 구분해 보자.

의존명사 '대로'는 '어떤 모양이나 상태와 같이, 어떤 상태나 행동이 나타나는 그 즉시, 어떤 상태나 행동이 나타나는 족족'의 뜻을 지닌다.

조사 '대로'는 '앞에 오는 말에 근거하거나 달라짐이 없음, 따로따로 구별됨'을 뜻한다.

그러면 어떨 때 의존명사로 띄어야 하며, 어떨 때 조사로 붙여야 하는지 살펴보자.

'대로'가 체언(명사, 대명사, 수사) 뒤에 오면 조사가 돼 앞의 말과 붙여 써야 한다. '책대로 하자.' '너 마음대로 해라.' '그것대로 의미가 있다.' '너는 너대로, 나는 나대로' '둘째는 둘째대로 고민이 있습니다.'처럼 사용하면 된다.

용언의 활용형(-ㄹ, -ㄴ) 뒤에서는 의존명사가 돼 무조건 띄어 써야 한다. '될 대로 되라고.' '하고 싶은 대로 하고 살면 기분이 좋냐?' '어제부터 지시한 대로 잘 하고 있습니다.' '경찰에 쫓기던 마적은 제복 입은 사람이면 누구든 눈에 띄는 대로 총을 쏘기 시작했다.' '학교에서 배운 대로 하면 되지 왜 너 마음대로 해서 시끄럽게 만들고 그래.'처럼 쓴다.

우리말 우리글 더욱더(복합부사)

부사는 용언 또는 다른 부사의 앞에 놓여서 그 뜻을 분명히 하거나 한정하는 품사의 하나로서, 뒤의 말과 띄어 쓰는 것이 원칙이다.

'정말 아름답다, 매우 뛰어나다, 바로 돌아갔다, 더욱 많은 것을 얻을 수 있었다, 한층 더 큰 것을 목표로 삼고 있으니 그것으로는 안 됩니다, 똑같이 주셔야 싸움이 나지 않습니다.' 등등이 그러하다.

그러나 부사가 또 다른 부사를 만나서 복합부사(합성부사)가 되는 경우에는 붙여 쓴다. 그러나 우리말은 어떤 경우에 복합부사이므로 붙여 쓰는지를 정확히 가늠하기 힘들어 혼란스럽다. 그래서 복합부사로 사용되는 부사는 익혀서 붙여 사용하는 수밖에 없으며, 국어사전에 한 단어로 등재됐는지를 확인해야 한다.

'곧바로'는 두 부사 '곧'과 '바로'가 복합되면서 한 단어가 됐다. 또한 '더욱더'는 '더욱'과 '더'가 합쳐져 한 단어로 굳어졌다. 이처럼 굳어진 복합부사는 대표적인 것이 '곧바로, 곧잘, 그냥저냥, 그리저리, 너무너무, 더욱더, 더더욱, 더한층, 또다시, 똑같이, 바로바로, 빨리빨리, 아주아주, 이냥저냥, 이리저리, 자주자주' 등이 대표적이다.

많이 잘못 사용하는 단어가 '좀더'이다, '좀'과 '더'는 각자 부사로서, 한 단어가 아니므로 띄어 써야 한다. 또한 '매우매우'도 한 단어가 아니다. '매우 매우'로 띄어 써야 옳다.

우리말 우리글

더하다, 더 하다

'동생이 자린고비라고 하지만 단돈 백 원도 쓰려고 하지 않는 형은 동생보다 더 하다.'

동생보다 더 지독한 자린고비라고 흉을 보려면 위 예문은 '동생보다 더하다'로 붙여 써야 바른말이다.

'더하다'는 형용사로 쓰일 때는 '어떤 기준보다 정도가 심하다.'를 뜻한다. 또 동사로 쓰일 때는 '더 보태어 늘리거나 많게 하다, 어떤 요소가 더 있게 하다.'를 의미한다.

따라서 '경기가 좋지 않아 소비자의 허리띠 졸라매기가 예년보다 더하다.' '올 겨울 추위는 지난해 겨울 추위보다 더하다.' '두 저금통의 돈을 모두 더하면 얼마냐?' '그 약은 독해서 물을 더해 소독을 해야 합니다.'처럼 쓰면 된다.

'더 하다'는 '계속해 또는 그 위에 보태어, 어떤 기준보다 정도가 심하게 또는 그 이상으로'를 뜻하는 부사 '더'가 '하다'를 수식하는 모양이다. 따라서 '몸이 좋지 않은데 지금처럼 무리해 달리기를 더 하다가는 큰일 납니다.'가 일반적인 쓰임새다.

데

'아픈데 먹는 약이야?'

'데'는 의존명사면 띄어 쓰고, 접두사, 어미 등의 경우에는 붙여 쓰면 된다. 하지만 '좋기는 한데 가고 싶지 않다, 꽤 차가운데 왜 그렇게 앉아 있어요? '처럼 '-ㄴ데'로 끝나는 '어미'가 섞여 사용되므로 띄어쓰기가 다소 혼란스럽다.

위의 글은 '데'가 의존명사로서 '아픈 데 먹는 약이야?'가 옳다.

우선 '데'가 의존명사로 쓰이면 크게 '장소, 일, 것, 경우'의 뜻을 나타내는 말로 사용됨을 기억하자. 이 경우를 적용해서 같은 의미인가 아닌가를 통해 구분하는 것이 첫 번째 원칙이다.

예문을 살펴보자. '점심 먹으러 가는 데를 말해 줘, 외우는 데는 타고난 재능을 갖고 있다, 밥을 서둘러 먹는 데는 다 이유가 있다, 배 아픈 데는 매실이 좋습니다.'

그러나 이 원칙을 적용해도 헷갈리면 '데' 뒤에 격조사 '에'를 붙여 본다. 말이 어색하지 않으면 의존명사이므로 띄어 쓰고, 어색하면 의존명사가 아니므로 붙여 쓴다.

'외우는 데(에)는 타고난 재능을 갖고 있다.' 이것은 '에'를 붙여도 어색하지 않다. 그래서 '데'를 띄어 쓰는 것이다.

그러나 '좋기는 한데(에) 가고 싶지 않다.' 이것은 '에'를 붙이니 이처럼 말이 이상하게 변해 그릇된 문장이 되어 버린다. 그러므로 '좋기는 한 데 가고 싶지 않다'처럼 '데'를 띄어 쓸 수가 없는 것이다.

우리말 우리글 듯, 듯하다

'듯'의 띄어쓰기는 다소 혼란스럽다. 그러나 붙일 때와 띄울 때의 원칙을 알아두면 쉽게 정리가 된다.

'듯이'의 준말 '듯'은 '유사하거나 같은 정도의, 짐작이나 추측의 뜻'을 나타내는 말이며, 이때는 의존명사다. '듯'은 의존명사이면 앞의 말과 띄어 쓰고, 뒤 절의 내용이 앞 절의 내용과 거의 같음을 나타내는 연결어미면 앞의 말과 붙여 쓴다.

의존명사의 예를 살펴보자. '그는 사업 실패 후 죽은 듯 집에 박혀 산다, 그는 나를 보자 반가운 듯 달려왔다, 그는 중도에 포기하는 듯 한동안 멈추어 서 있었다.'처럼 사용된다.

어미는 어간에 붙여 쓰면 그만이다. '구름이 흘러가듯 여유 있게 살아야지, 여우비 오듯 잠깐 얼굴만 보고는 가버렸어요.'

'듯하다'라는 아예 붙여 쓰는 단어가 있다. '보조형용사'로서 앞말이 뜻하는 사건이나 상태 따위를 짐작하거나 추측함을 나타낸다.

'그 옷은 네게 좀 큰 듯하다, 금세 비가 올 듯하다, 머지않아 포기할 듯하다, 1등 할 듯하다.'처럼 사용한다.

우리말 우리글 만

'만'은 크게 의존명사와 조사로 구분된다. 의존명사 '만'은 흔히 '만에' '만이다' 꼴로 쓰여 '동안이 얼마간 계속되었음'을 나타낸다. 시간이 어느 정도 지났음에 초점이 있다.

또 '앞말이 뜻하는 동작이나 행동에 타당한 이유가 있거나 가능함을 나타내는 말'로 쓰인다. 관형사로도 쓰이는데, 날, 주, 달, 해 따위의 일정하게 정해진 기간이 꽉 참을 이르는 말이다.

'3일 만에 돌아왔다.' '그가 훌쩍 집을 떠난 지 두 해 만이다.' '아들이 교통사고를 당했으니 외국에서 서둘러 돌아올 만하다.' '3일 굶었으니 밥을 세 그릇 먹을 만도 하다.' '만 2년이 돼서 돌아왔다.' '만 55세입니다.'

조사로 쓰이는 '만'은 '다른 것으로부터 제한하여 어느 것을 한정하거나 무엇을 강조하는 경우, 또 화자가 기대하는 마지막 선을 나타내거나 '하다' '못하다'와 함께 쓰여 앞말이 나타내는 대상이나 내용 정도에 달함을 나타내는 보조사로 사용된다. 조사 '마는'의 준말로도 사용된다.

'너는 매일 밥만 먹냐?' '수당 없이 두 번만 더 일해 주세요.' '그냥 오시기만 하면 됩니다.' '전임 대통령의 능력만 못하다.' '덩치가 너만 한 아이가 어떻게 그럴 수가 있어?' '이만 하면 됐다.' '가긴 간다마는 기대하지 마라.' 등으로 사용된다.

'오래간만'과 준말인 '오랜만'처럼 한 단어로 굳어진 것도 있다. '오랜만에 왔구나!'처럼 붙여 쓴다.

우리말 우리글

만나자 마자

남북한의 이산가족 상봉이 진행되는 동안 한 언론은 오랜 이별, 짧은 만남을 아쉬워하며 쓴 글 중에 '만나자 마자 작별'이란 글을 실었다. 잘못 띄어 쓴 글이다. '만나자마자'로 붙여 써야 옳다.

'~자마자'를 살펴보자. '자마자'는 '(동사 어간이나 어미 '–으시–' 뒤에 붙어)앞 절의 동자이 이루어지자 잇따라 곧 다음 절의 사건이나 동작이 일어남을 나타내는 연결어미다.

그러나 '마자'라는 단어가 붙는 것을 불편하게 느끼는 사람들이 '마자'를 띄어 쓰는 경우가 많다. 길게 붙여 쓰는 단어는 왠지 띄어야 된다는 생각을 갖게 되는 경우가 많기 때문이다. 그러나 '–자마자'처럼 연결어미는 무조건 붙여 써야 함을 명심하자.

따라서 '김 군은 밥을 먹자마자 황급히 집을 뛰쳐나갔다, 어제도 먹었으면서 그는 앉자마자 술을 달라고 주인을 조르기 시작했다, 군에 간 아들로부터 온 편지를 읽자마자 어머니는 한동안 울기 시작했다, 이 부장은 회사에 도착하자마자 회의 준비에 소홀한 직원들에게 잔소리를 하기 시작했다.'처럼 사용한다.

우리말 우리글

만큼

'만큼'은 (주로 어미 '-은, -는, -을' 뒤에 쓰여) 앞의 내용에 상당하는 수량이나 정도임을 나타내거나 (주로 어미 '-은, -는, -던' 뒤에 쓰여) 뒤에 나오는 내용의 원인이나 근거가 됨을 나타내는 말이다.

의존명사로 쓰이면 앞의 말과 띄어 써야 하고, 조사로 쓰이면 붙여 써야 한다. 용언의 활용형(ㄴ, ㄹ) 뒤에서는 의존명사이며, 체언(명사, 대명사, 수사) 뒤에 오면 조사가 되는 것이다.

의존명사로 쓰인 예문을 살펴보자. '노력할 만큼 했다, 네가 먹는 만큼 나도 먹어야지, 먹을 만큼 가져가지 않으면 쓰레기 처리로 머리가 아플 거야, 당신이 협조한 만큼 충분한 보상이 뒤따를 것입니다, 두 달 동안 밤낮 없이 뛰어다닌 만큼 우리가 우승한다고 믿습니다.'

조사의 사용을 살펴보자. '너만큼 게으른 놈은 보지를 못했다, 모두 당신만큼 할 수 있으니 너무 자랑하지 마시오, 저 셋만큼은 나의 편일 줄 알았습니다, 증거로 영수증만큼 확실한 것은 없다.'

어미로 쓰여 붙여 쓰는 경우도 있다. '-니만큼' '-으니만큼'은 '앞말이 뒷말의 원인이나 근거가 됨을 나타내는 연결어미로 쓰인다. '학원이 가까우니만큼 아침밥은 먹고 가도 된다, 열심히 했으니만큼 좋은 결과가 있을 것입니다.'처럼 사용한다.

우리말 우리글

많을뿐더러, 많을 뿐더러

'ㄹ뿐더러' '을뿐더러' 형태의 말이 사용되지만 더러 띄어쓰기가 혼란스럽다. 윗글은 '그는 재산이 많을뿐더러 인품도 훌륭하다.'처럼 붙여 써야 바른 띄어쓰기다.

'ㄹ뿐더러'와 '을뿐더러'는 '어떤 일이 그것만으로 그치지 않고 나아가 다른 일이 더 있음'을 나타내는 '연결어미'로 사용된다.

따라서 '미국은 땅이 넓을뿐더러 지하자원도 풍부하다. 대통령은 현명한 판단력이 필요할뿐더러 건강도 좋아야 한다, 올해 구입한 아파트는 편리하게 지어졌을뿐더러 주변에 편의시설도 많아 1년 만에 가격이 두 배 올랐다.'처럼 사용하면 된다.

'ㄹ뿐더러'와 '을뿐더러'의 띄어쓰기가 더러 잘못 사용되는 것은 의존명사 또는 조사로 사용되는 '뿐' 때문으로 보인다.

'뿐'은 '의존명사'로 쓰이면 앞의 말과 띄어 쓰고, 조사로 쓰이면 앞의 말과 붙여 쓴다. 그래서 '그는 내게 희망일 뿐 아니라 내가 살아가는 이유이다.' '그가 믿을 것은 노력뿐이다.'처럼 사용한다.

그래서 의존명사 '뿐'처럼 띄어 쓰는 경우를 생각해 'ㄹ뿐더러'를 위의 글 '많을 뿐더러'처럼 띄어 사용하는 실수가 발생하는 것으로 풀이된다. 어미는 붙여 씀을 기억하자.

우리말 우리글

맨

'맨 처음' '맨손' '맨 마지막' 등 '맨'은 품사의 종류에 따라 달리 쓰이는 원칙을 정리해 놓지 않으면 계속 구분이 어려울 수밖에 없다. '맨'의 띄어 쓰기는 크게 세 가지로 구분한다.

'맨'이 접두사로 사용되면 일부 명사 앞에 붙어서 '다른 것이 없는'의 뜻을 갖는다. 즉 '다른 것이 섞이지 않고, 오직 그것뿐'이라는 의미라 생각하면 된다. 이 경우 '맨발, 맨손, 맨다리, 맨몸, 맨바닥'처럼 사용하면 된다.

다음은 '맨'이 '관형사'로서 '더 할 수 없을 정도나 경지에 있음'을 나타내는 말로 사용된다. '맨 처음, 맨 나중, 맨 꼴찌, 맨 꼭대기, 맨 아래, 맨 먼저' 등으로 무조건 띄어 쓰면 된다. '맨 처음 도착해서 지금까지 기다렸다.' '네가 기다리는 분이 맨 뒤에 서 있는 검은 양복의 사나이다.'처럼 사용하면 된다.

나머지 하나가 '부사'로 사용되는 경우로서, 띄어 쓰면 된다. '다른 것은 섞이지 아니하고 온통'의 뜻이다. '도울 사람은 보이지 않고, 맨 사기꾼이다.' '부자 나라라고 들었는데 방문해 보니 도시에는 맨 거지다.' '싸다고 해서 찾아갔더니 전시된 것이 맨 비싼 옷이다.' '꽃 박람회라고 하고선 전시된 것이 맨 국화면 비싼 관람료 내고 온 사람이 만족할 수 있겠냐?'처럼 쓰면 된다.

멋있구먼 그래

'자네 새 양복을 입으니 멋있구먼그래.'

감탄사 '그래'와 달리 조사 '그래'는 붙여 써야 하지만 흔히 띄어 쓰곤 한다. 위 예문의 '그래'는 '보조사'로서 앞의 종결어미 '구먼'에 붙여 써야 옳다.

조사 '그래'는 '-구먼, -군, -지'와 같은 해할 자리의 일부 종결어미 뒤에 붙어 '청자에게 문장의 내용을 강조함을 나타내는 보조사'로 사용된다.

따라서 '옷을 선물했더니 영수가 기분이 좋아 보이는구먼그래, 안전사고에 유의해야 한다고 경고했는데도 공사를 않고 내버려 두니 결국 사고가 났군그래, 단거리 실력이 월등한 자네가 대신 뛰겠다고 말하지그래' 처럼 사용하면 된다.

'그래' 대신 '그려'를 사용해도 같은 경우다. '그래'처럼 앞의 종결어미에 붙여 쓰는 보조사로 사용된다. '오랜 만에 우승을 하니 기분이 좋아 보이는구먼그려, 다시는 실패하지 않겠다고 각오를 하더니 올해는 정말 열심히 뛰었네그려.'처럼 쓴다.

감탄사 등으로 사용될 때는 당연히 띄운다. '그래, 알았다.' '모습은 그래 보여도 그는 억만장자다.'처럼 쓴다.

우리말 우리글

못하다, 못 하다

“나쁜 짓이라고 그렇게 말렸는데 결국 음주운전을 하더니 대형 사고를 쳤습니다. 못하게 하면 더 기를 쓰고 하려는 것이 인간인가 봐요.”

못을 띄어야 할지, 붙여야 할지 혼란스러울 때가 있다. 위 글은 ‘못 하게’로 고쳐 써야 바른말이다.

‘못’은 부사로서, 동사 앞에 쓰여 그 말에 대하여 할 수 없다거나, 잘 되지 아니한다, 상태가 이루어지지 않았다는 부정의 뜻을 나타내는 말이다.

따라서 ‘못 쓰다, 못 하다, 못 먹다, 못 가다’ 등에서처럼 띄어 사용하면 된다.

그러나 ‘못하다’처럼 ‘못’을 붙여 사용하는 흔한 경우가 있다. ‘못하다’는 ‘어떤 일을 일정한 수준에 못 미치게 하거나, 그 일을 할 능력이 없다. 비교 대상에 미치지 아니하다.’의 뜻과 더불어 ‘못해도’ 꼴로 쓰여 ‘아무리 적게 잡아도’를 나타내는 말로 사용된다.

‘일처리를 보니 그보다 못하다.’ ‘살림을 못하다.’ ‘좋지 못하다.’ ‘걷지 못할 정도로 술을 많이 마셨다.’ ‘쓴 돈이 못해도 1억 원이 넘는다.’ ‘1시간 공부하더니 견디지 못해 뛰쳐나갔다.’처럼 사용된다.

우리말 우리글

바

'비리를 조사한바 그는 최근 발주한 모든 사업에 연루됐음을 확인했다.' '떠날 바에는 지금 당장 출발하자.'

어미면 앞의 말과 붙이고, 의존명사면 앞의 말과 띄어 쓴다. 어미 'ㄴ바'는 뒤 절에서 어떤 사실을 말하기 위해 그 사실이 있게 된 것과 관련된 과거의 어떤 상황을 미리 제시하는 데 쓰는 연결어미다.

앞 절의 상황이 이미 이루어졌음을 나타낸다. 위 첫 예문처럼 조사를 해서 연루 사실을 확인한 것으로서, 앞 뒤 문장을 연결하는 역할을 한다. 따라서 '물건을 직접 본바 돈을 더 줄 생각이 없다.' '그를 미행한바 밤마다 몰래 적에게 정보를 넘기는 것을 목격할 수 있었다.'처럼 사용하면 된다.

의존명사 '바'는 앞에서 말한 내용 그 자체나 일 따위, 일의 방법이나 방도, 앞말이 나타내는 일의 기회나 그리된 형편, 자기주장을 단언적으로 강조하여 나타내는 말.' 등으로 쓰인다.

'이미 설명한 바와 같이 집행하겠습니다.' '인적이 드문 곳에서 난 사고라 혼자 어찌할 바를 몰랐다.' '그렇게 쫓기며 살 바에는 자수하겠다.' '나는 그동안의 경험을 통해 이 그림은 가짜임을 단언하는 바이다.'처럼 사용한다.

밖에

'오늘까지 숙제를 제출한 사람은 너밖에 없다.'

'밖에'의 띄어쓰기는 두 가지밖에 없다. 명사의 형태로 쓰여 앞의 말과 띄어 쓰거나 조사로 쓰여 앞의 말에 붙여 쓰는 두 경우다. 위 글은 조사로서 '너밖에 없다'가 바른말이다.

조사 '밖에'는 주로 체언이나 명사형 어미 뒤에 붙어 '그것 말고는' '그것 이외에는'의 뜻을 나타내는 말이다.

이 경우 반드시 뒤에 부정을 나타내는 말이 따른다는 것을 기억해야 한다. 그래서 '여기서 포기하고 가는 수밖에 없다.' '외교적으로 해결하는 것밖에는 아무런 방법이 없습니다.' '다 나눠 주고 나니 과자가 하나밖에 남지 않았다.' '그는 공부밖에 모른다.'처럼 사용하면 된다.

그러나 '어떤 선이나 금을 넘어선 쪽' '겉이 되는 쪽. 또는 그런 부분' '일정한 한도나 범위에 들지 않는 나머지 다른 부분이나 일' '무엇에 의하여 둘러싸이지 않은 공간. 또는 그쪽' 등을 뜻하는 명사 '밖'에 조사 '에'가 붙은 '밖에'는 다르다. 무조건 띄어 쓴다. 조사처럼 뒤에 부정을 나타내는 말이 오기도 하므로 부정이 온다고 조사라 착각하면 안 된다.

'대문 밖에서 한 시간 동안 서 있었다.' '아들이 빨리 보고 싶어 아예 집 밖에 나가서 기다렸다.' '집 밖에 있으면 무슨 짓을 하는지 모릅니다.'

우리말 우리글

부재중, 부재 중

'중(中)'은 기본적으로 명사 또는 의존명사로 사용되면 앞의 말과 띄어 쓰면 된다. 그러나 쓰임새가 일반적이어서 합성어로 사전에 등재된 경우가 많아 중의 띄어쓰기는 많이 아리송하다. 위의 글 부재중은 한 단어로 사용되므로, '부재중'이 바른 띄어쓰기다.

'중'은 명사로 사용하면 '등급, 수준, 차례 따위에서 가운데, 규모나 크기에 중간 것'으로 사용된다. 또 의존명사로 쓰이면 '안이나 속, ~하는 중, ~던 중의 형태로 쓰여 현재 진행되고 있거나 무엇을 하는 동안, 어떤 범주에 속하거나 여럿 가운데, 시간의 한계를 넘지 않는 동안' 등의 의미로 사용된다.

'공기 중의 먼지, 왕 중의 왕, 근무 중, 회의 중, 여행 중, 임신 중, 취침 중, 승차 중, 수감 중' 등으로 띄어 써야 한다.

그러나 두 가지 경우와 달리 '중'이 앞말과 붙어 합성어가 되면서 한 단어로 사용되는 경우가 많으므로 잘 구분하려면 이러한 단어는 모두 외우는 수밖에 없다.

'그중, 부재중, 은연중, 상중, 무의식중, 한밤중, 오밤중, 안중, 병중, 부지불식중, 밤중, 무심중, 무언중, 부지중' 등이 한 단어이므로 기억하자.

우리말 우리글

뿐

'어려움을 극복하는 방법은 남보다 열심히 일하는 것 뿐이다.'

위의 예문처럼 '것'과 '뿐'을 띄어서 쓰는 것이 바른 것이라 생각하기 쉽다. 그러나 이때 사용하는 '뿐'은 조사로 쓰여 '일하는 것뿐이다.'처럼 붙여 써야 바른말이다.

'뿐'은 '의존명사'와 '조사'일 때 두 가지 형태로 쓰인다. '의존명사'일 때는 용언 뒤에 쓰여 '다만 어떠하거나 어찌할 따름'이라는 뜻으로 쓰인다.

예를 살펴본다. 의존명사일 때는 무조건 띄어 쓴다. '예쁜 꽃을 고를 뿐이다.' '물이나 먹을 뿐 한 달 동안 아무것도 먹지 않았다.' '훔쳤을 뿐만 아니라 주인을 때렸다.' '숨을 쉰다 뿐이지 사실 그는 죽은 목숨이다.'처럼 사용하면 된다.

'조사'일 때는 명사나 부사어 뒤에 붙어 '그것만이고 더는 없음' 또는 '오직 그렇게 하거나 그러하다는 것'으로 쓰인다. 명사 대명사 수사를 의미하는 '체언' 뒤에, 부사격조사 '에서, 에게'가 붙어 부사어로 쓰이는 말 뒤에 반드시 붙여 써야 한다.

'아들이 좋아하는 것은 빵뿐이다.' '등산뿐 아무것도 하지 않는다.' '잘못한 것은 이것뿐이 아닙니다.' '그는 사무실에서뿐만 아니라 출장을 가서도 늘 음식을 손에 들고 다닌다.' '남을 배려하지 않는 것이 동료에게뿐이면 다행이죠. 웃어른에게도 그러고 다닙니다.'처럼 사용한다.

우리말 우리글 뿐만 아니라

'그 집은 낡아서 비가 온 뒤에는 좋지 않은 냄새가 납니다. 뿐만 아니라 벽에 균열이 많이 나 있어 조금 위험합니다.'

'뿐만 아니라'가 들어가 흔히 사용되는 문장이다. 그러나 '뿐만 아니라'는 이때 사용해서는 안 된다. '뿐만'의 성격을 모르니까 이렇게 사용하는 것이다. 문장 서두에 사용하려면 '냄새가 납니다. 그뿐만 아니라 벽에…' 처럼 사용해야 바른말이다.

'뿐'은 (체언이나 부사어 뒤에 붙어) '그것만이고 더는 없음' 또는 '오직 그렇게 하거나 그러하다는 것'을 나타내는 보조사이다. 또한 '만'은 다른 것으로부터 제한하여 어느 것을 한정함을 나타내거나 무엇을 강조하는 뜻을 나타내는 보조사이다.

따라서 보조사 '뿐' 뒤에 보조사 '만'이 붙은 것이므로 '뿐만'은 앞의 말에 붙여 써야지 단독으로 문장 앞에서 사용될 수가 없다. 그래서 위 문장은 대명사 '그'나 '이' 등을 붙여 '그뿐만 아니라'나 '이뿐만 아니라'처럼 앞의 말과 붙여 써야 바른 사용이 되는 것이다.

'뿐만 아니라'는 '앞의 것만이 아니라 뒤의 것까지 그러하다'거나 '앞의 상황에 더해 뒤의 상황까지 작용함'을 나타낸다. 따라서 '그 보석은 비쌀 뿐만 아니라 구하기도 어렵다.' '철수는 머리가 좋을 뿐만 아니라 매사 부지런함을 잊지 않아 믿음이 간다.'처럼 사용해야 한다.

우리말 우리글 상(上), 하(下)

'상(上)'과 '하(下)'의 띄어쓰기는 '명사'로 쓰이면 앞의 말과 띄우면 되고, '접사'로 사용되면 앞의 말과 붙여 쓴다.'가 원칙이다.

'상'이 '명사'로 쓰이면 '품질이나 등급을 두 부분, 또는 세 부분 등으로 나눌 때 비교적 뛰어나고 좋은 부분을 이르는 말'이다. 따라서 '이 제품은 등급이 상이다.'처럼 사용한다.

또 '명사'로 쓰는 '하'는 '품질이나 등급을 둘 또는 셋으로 나눌 때의 맨 끝, 제일 좋지 않은 부분을 의미한다. '이 제품의 등급은 하다.'처럼 쓴다.

접미사로 사용되는 경우를 살펴보자. 접미사 '상'은 (일부 명사 뒤에 붙어) '그것과 관계된 입장' 또는 '그것에 따름' '추상적인 공간에서의 한 위치, 물체의 위나 위쪽'을 뜻한다.

따라서 '체면상, 미관상, 역사상, 의미상, 사실상, 절차상, 지구상, 지도상, 화면상'처럼 붙여 쓴다.

접미사 '하'는 (일부 명사 뒤에 붙어) '그것과 관련된 조건이나 환경, 아래 또는 아래쪽이나 밑'의 뜻을 더한다. 그래서 '인솔하, 지배하, 지도하, 감독하' 등으로 쓴다. '김 감독의 인솔하에 해외로 출발했다.' '영국의 식민 지배하에 있었다.'처럼 사용한다.

우리말 우리글

수 십여 명, 수십여 명

"수 십여 명이 달려들어 때리니 아무리 힘이 장사라도 견딜 수가 없죠." "갑자기 어디서 수십여 명이 나타났어요?"

'수(數)'는 접두사면 붙여 쓰고, 관형사면 띄워 쓴다.

접두사의 경우 숫자를 나타내는 말 앞에 붙어 몇' '여러' '약간'의 뜻을 더하게 된다. 따라서 위 대화 중 사용된 '수'는 '수십여 명'이 바른말이다. 접두사이므로 반드시 뒤의 말과 붙여 써야 한다. 뒤에 숫자가 오는 경우라고 기억하면 된다.

위의 '수십'은 '십의 두서너 배가 되는 수'를 의미할 때 사용한다. 즉 20~40명이면 이렇게 표현하면 적당하다. '수백 명, 수백여 명, 수백 건, 수백여 건, 수천 개, 수천여 개' 등도 비슷한 형태로 사용한다.

관형사의 경우 단위, 순서 따위를 나타내는 말 앞에 쓰여 '몇' '여러' '약간'의 뜻을 나타내는 말로 사용된다. 숫자 대신 단위와 순서 등의 앞에 오는 경우를 기억해야 한다. 수 리터, 수 그램, 수 킬로미터 등으로 사용한다.

그러나 혼란스러운 점도 있다. '두서너 달 또는 여러 달'을 의미하는 '수개월'을 보자. '개월' 앞에 와서 관형사인 '수'와 개월을 띄어 써야 하는데, '수개월'이라는 단어가 있어 그냥 붙여 써야 한다. 또한 '두세 해 또는 대여섯 해'를 의미할 때는 '수년'도 같은 경우이다.

한 단어로 사전에 올라 있는 경우는 관형사, 접두사의 원칙이 예외라고 생각해야 한다.

우리말 우리글 수(數)는 만 단위로 쓴다

'오십육억 삼천사백삼십팔만 구천오백사십이(56억 3438만 9542)' '이백삼십사억 오천육백칠십팔만 구천팔백칠십육(234억 5678만 9876)' '이백삼십사만 오천육백칠십팔(234만 5678)' '십이만 삼천사백오십육(12만 3456)'

수는 윗글처럼 만 단위로 쓰는 것이 기본이다. 물론 쉼표도 쓰지 않는다. 이 원칙을 벗어난 표기는 모두 규정을 벗어나 편의상 제멋대로 쓴 것이라 생각하면 된다.

많은 사람들이 혼동해 잘못 쓰는 경우가 많은데, 이는 숫자를 천 단위로 적다 보니 그런 것이다.

위의 글 '56억 3438만 9542'를 숫자로 쓰면 '5,634,389,542'가 된다. 따라서 숫자는 천 단위로 쓰면서 왜 수의 표기는 만 단위이냐는 의문을 가질 수 있다.

국립국어원에 따르면 숫자처럼 천 단위로 쓰면 '오십 육억삼천사백 삼십팔만구천 오백사십이'처럼 오십과 육억이 따로 떨어지고, 사백과 삼십팔만이 떨어지는 등 형식에 문제가 발생한다. 그래서 만, 억, 조 단위로 적기로 규칙을 정한 것이다.

그러나 금융 거래를 할 때는 변조를 예방하기 위해 모두 붙여 쓴다. 띄어 쓰면 그 사이에 원하는 숫자를 넣어 금액을 변조할 수도 있기 때문이다. '이천삼백사십오만육천칠백팔십구원정' '삼십사만오천육백칠십팔원'처럼 쓴다.

우리말 우리글 스물두 살, 스물 두 살

"어려 보이는데, 네 나이가 벌써 스물 두 살이냐?" "예, 스물두 살입니다."

수관형사의 띄어쓰기를 보자. 위 대화에서 바르게 사용한 것은 '스물두 살'이다.

사물의 수나 양을 나타내는 관형사를 수관형사라 한다. 따라서 대부분 사람이나 사물을 셀 때 그 단위를 나타내는 명사 앞에 온다.

'한 살, 두 근, 세 권, 네 마리, 다섯 사람' 등이다. 한자어로 된 수관형사도 마찬가지다. '일 년, 삼 편, 오 장, 오륙 학년' 등으로 사용된다.

그런데 열을 넘는 수관형사를 사용하는 경우에는 '서른 두 살, 서른 일곱 건, 여든 두 번째'처럼 띄어 쓰는 경우를 더러 볼 수 있다. 길다고 무조건 띄어 쓰면 잘못 사용한 것이다.

이 경우의 수관형사는 붙여 쓴다. 따라서 뒤의 사물이나 사람을 셀 때 '스물두 건, 스물세 번, 서른한 번째, 마흔다섯 명, 예순다섯 개, 여든네 마리, 삼십사 회, 오십구 톤, 팔십사 주'처럼 사용한다.

우리말 우리글 어치, 짜리

물건을 살 때 또는 산 뒤에 흔히 사용되는 말에 '어치'와 '짜리'가 있다. 그 값에 해당하는 분량이나 가치 등을 이야기할 때 사용한다. 이 둘은 접미사로 사용, 앞말에 붙여 쓰면 된다.

우선 '어치'를 살펴보자. '어치'는 '접미사'다. (금액을 나타내는 명사 또는 명사구 뒤에 붙어) '그 값에 해당하는 분량'을 뜻한다. 흔히 '콩나물 천 원 어치 주세요.'처럼 '어치'를 띄어 쓰는 경우가 많다. 그러나 '콩나물 천 원어치 주세요.' '저기 평상 위에 놓인 붉은 사과 만 원어치 가져오세요.'처럼 '어치'는 앞말에 붙여 써야 한다.

'짜리'를 보자. '짜리'도 접미사로서 (수나 양 또는 값을 나타내는 명사구 뒤에 붙어) '그만한 수나 양을 가진 것' 또는 '그만한 가치를 가진 것'을 뜻한다.

'한 뼘짜리 붓, 열두 권짜리 세계백과대사전, 만 원짜리 바지, 100억 원짜리 고려청자'처럼 사용된다. 모두 붙여 씀을 명심하자.

'어치'와 '짜리'는 '얼마' 뒤에 붙을 때도 당연히 접미사라 붙여 쓴다. 어색해 보여도 '얼마짜리, 얼마어치'라고 써야 옳다.

'짜리'는 '그런 차림을 한 사람'의 뜻을 더하는 접미사로도 사용된다. '양복'에 '짜리'가 붙은 '양복짜리'가 있는데 '양복을 입은 사람의 모양새를 낮잡아 이르는 말'을 뜻한다. 같은 뜻의 말로 '양복때기'가 있다. '양복짜리(양복때기)가 창피스럽게 길거리에 퍼질러 앉아 저런 짓을 하면 안 됩니다.' 정도의 표현이면 적당하다.

우리말 우리글

이외, 이 외

'칫솔, 비누 등 주문하신 세면도구 모두 다 샀습니다. 이 외에 더 필요한 게 있는지요?'

'이외'와 '이 외'는 한참 고민을 해야 할 정도로 구분이 어렵다. 비슷한 의미로 쓰여 혼란스러운 '이외'와 '이 외'는 문맥의 흐름을 읽고 결정해야 한다. 위 글의 경우에는 '이 외'가 바른말이다.

'이외(以外)'는 명사로서, '일정한 범위나 한도의 밖'을 뜻한다. 그리고 '이 외'는 지시 대명사 '이'와 일정한 범위나 한계를 벗어남을 나타내는 의존명사 '외(外)'가 합쳐진 말이다.

'이외'를 살펴보자. '전문가 이외의 모든 사람은 의견 제시를 금지합니다.' '폭력 이외에는 방법이 없었습니까?' '육류 이외에 어떤 것도 사용해서는 안 됩니다.' 예문처럼 '이외'는 앞에서 말한 명사의 범위나 한도의 밖을 나타낸다.

'이 외'는 '이것 외에'를 뜻하는 것으로서, 앞에서 언급한 대상을 가리키며, 특정한 범위나 한도의 의미를 갖지 않는 경우 사용한다. '초등학교 신입생 조카를 위해 책가방, 필통, 연필, 노트를 준비했습니다. 이 외에 뭐 더 필요한 것이 있습니까?' '범인은 피해자의 집에서 컴퓨터, TV 등 가전기기를 모두 훔쳤고, 이 외에도 비싼 물건은 모두 가져갔습니다.'처럼 쓰면 된다.

여전히 구분하기 어렵다면 '이외'는 체언(명사, 대명사, 수사) 바로 뒤에서 사용되며, '이 외'는 문장의 앞에 위치해 앞서 말한 것을 가리키며 사용되는 것으로 구분해 볼 수 있다.

우리말 우리글

잘 한다, 잘한다

'길동이는 축구를 잘 하니까 우리 팀에 넣어라. 그래야 이길 수 있다.' '아니야. 축구는 동생 해동이가 더 잘한다. 해동이를 넣어라.'

'잘하다'는 '옳고 바르게 하다, 좋고 훌륭하게 하다, 익숙하고 능란하게 하다.' 등등 여러 가지 뜻을 가진 동사다. 잘하다, 잘한다, 잘해야, 잘해서 등의 경우처럼 붙여 쓴다. 따라서 위의 글은 맥락상 '축구공을 잘 차고, 잘 몰고 다닌다.'는 의미이므로 '축구를 잘한다.'로 써야 한다.

이러한 표현은 사전의 풀이대로 '그는 띄어쓰기를 잘한다.' '그는 누구보다 배구를 잘한다.' '그는 영어를 잘한다.' '너 정말 노래 잘한다.'처럼 사용하면 된다.

그러나 '잘하다'의 띄어쓰기가 다소 혼란스러운 것은 '부사' '잘' 때문이므로 '잘하다'의 맥락을 벗어나는 것은 부사 '잘'을 잘 활용해야 하며, 반드시 띄어 써야 한다.

'잘'은 '옳고 바르게, 좋고 훌륭하게, 또는 분명하고 또렷이, 아주 적절하게. 또는 아주 알맞게' 등 수많은 뜻을 가지고 있다. 그래서 '제때 잘 갔다.' '아주 잘 만들었다.' '적절한 시기에 잘 보냈다.'처럼 활용된다.

우리말 우리글

정말이고말고, 정말이고 말고

"옆집 영희가 집을 떠난 지 1년 만에 갑부가 돼 돌아왔다는 것이 사실입니까?" "그럼, 정말이고말고."

말이 길어지면 띄어야 되지 않을까 하는 의문이 생기게 마련이다. 그러나 접미사, 종결어미처럼 붙여야 될 말은 붙여야 한다. 윗글은 '정말이고말고'가 바른 띄어쓰기다.

'-고말고'는 ('이다'의 어간, 용언의 어간 또는 어미 '-으시-' '-었-' 뒤에 붙어) 상대편의 물음에 대하여 긍정의 뜻을 강조하여 나타낼 때 쓰는 종결어미이다. 따라서 앞의 말과 반드시 붙여 써야만 한다.

하고말고, 아니고말고, 좋고말고 등 '-고말고'의 형태는 모두 같은 방법으로 쓰면 된다. '모든 것을 잃었으니 슬픈 일이고말고, 내 말 한마디면 방에서 뛰쳐나오고말고, 가족이 있는데 당장 돌아오고말고, 그런 사람 아니야, 아니고말고'처럼 사용하면 된다.

그러나 위 '-고말고'가 아닌 '하다 말고' '걷다 말고' 등은 다른 경우이므로 당연히 구분해야 한다. 이때 하다와 말고는 각각의 단어이며, 걷다와 말고 또한 각각의 단어이므로 둘 다 띄어 쓴다.

지

'그가 집에 올지 모르겠다.' '집에 다녀간 지 일주일인데 벌써 오려고?'

'지'의 띄어쓰기 법칙은 의외로 단순하지만 원칙을 모르면 계속 헷갈려 잘못 쓰는 경우가 많다. 그러면 윗글도 바른 것인지 아닌지 의문이 들 때가 있다. 윗글은 바르게 쓴 것이다.

'지'는 '의존명사'이면 띄어 쓰고, '어미'로 쓰이면 붙여 쓴다.

'의존명사'로 쓰일 때는 '어떤 일이 있었던 때로부터 지금까지의 동안'을 의미한다. 몇 시간, 며칠에서부터 오랫동안 또는 잠깐 등 시간의 경과를 의미할 때는 의존명사로 무조건 띄어 쓰면 바른말이다.

'고시 공부를 한 지 벌써 10년이다.' '영어를 배운 지가 몇 해인데 아직 그 수준이냐?' '그가 떠난 지 오래라 얼굴마저 기억이 나질 않는다.' 등이 예다.

이 외에는 '-는지, -ㄹ지, 을지' 등이 사용되는데, 붙여 쓴다. '추측에 대한 막연한 의문이 있는 채로 그것을 뒤 절의 사실이나 판단과 관련시키는 데 쓰는 연결어미다. 또 해할 자리나 간접 인용절에 쓰여, 추측에 대한 막연한 의문을 나타내는 종결어미며, 뒤에 보조사 '요'가 오기도 한다. 어미일 때는 이처럼 모두 붙여 쓰면 그만이다.

'그가 떠날지 지켜봐야죠.' '약속을 지키는지 보시면 알 겁니다.' '게으른 그가 제때에 올는지요.'

우리말
우리글

참다못해, 하다못해, 듣다못해…

'참을 만큼 참다가 더 이상 참을 수 없다'를 뜻하는 동사 '참다못하다'가 있다. '참다못한, 참다못해' 꼴로 쓰인다. '시끄러운 부부싸움이 한 시간 동안 이어지자 옆집 부부가 소음을 참다못해 경찰에 신고를 했다.'처럼 쓴다.

'못하다'는 '보조형용사'로서 '~다(가) 못하여' 형태로 쓴다. '보다 못한, 먹다 못해, 기다리다 못하여'처럼 당연히 띄운다. 그러나 '참다못해'처럼 한 단어로 굳은 것들이 더러 있으므로 기억해야 한다.

'제일 나쁜 경우라고 하더라도'를 의미하는 부사 '하다못해'와 '어떠한 말을 듣고 있다가 더 이상 참을 수가 없어서'를 뜻하는 부사 '듣다못해'가 있다. '그렇게 도왔으면 하다못해 추석에 사과 몇 개라도 사 와야지.' '언니의 잔소리를 듣다못해 동생은 귀를 막아 버렸다.'처럼 사용한다.

또 '마음이 내키지는 아니하지만 사정에 따라서 그렇게 하지 아니할 수 없다.'를 뜻하는 형용사 '마지못하다', '옳지 못하거나 보잘것없다'를 뜻하는 형용사 '되지못하다'가 있다.

'보험 판매원의 끈질긴 설득에 마지못해 보험 계약을 하고 말았다.' '자식을 둔 부모로서 되지못한 짓을 했다.'처럼 쓴다.

우리말 우리글 커녕, 마저, 나마, 조차…

'시원한 수박은커녕 찬물 한 컵도 못 얻어먹었습니다.' '지난해 빌려간 돈을 갚기는커녕 더 빌려 달라고 찾아왔습니다.' '밥커녕 죽도 못 먹었습니다.'

띄어쓰기 원칙에 따라 '–이, –가, –은, –는, –에게' 등 '조사'는 그 앞의 말에 붙여 쓴다. 이 정도의 맞춤법은 간단해 앞의 말에 당연히 붙여 쓰는데, 유독 '커녕'은 '조사'인 것을 몰라서인지 잘못 띄어 쓰는 경우를 흔히 발견할 수 있다.

'커녕'은 '조사'로서 어떤 사실을 부정하는 것은 물론 그보다 덜하거나 못한 것까지 부정하는 뜻을 나타내거나 '말할 것도 없거니와 도리어'의 뜻을 나타내는 보조사이다. 따라서 위 예문처럼 이상해 보여도 모두 '커녕'을 앞의 말에 붙여 사용해야 바른말이다.

'백화점에서는커녕 시장에서도 말 한마디 못 했다, 저녁에 돌아오기는커녕 1년이 지난 지금까지 돌아오지 않았다, 뛰기는커녕 걷는 것도 어렵다, 지폐는커녕 동전 하나 없다.'처럼 붙여 쓴다.

'마저, 같이, 나마, 마다, 조차, 부터, 까지' 등의 이러한 조사도 '커녕'처럼 모두 앞의 말과 붙여 쓴다.

'너마저 떠나는구나, 이같이 좋은 일이 또 어디 있겠느냐, 전화로나마 연락을 하니 그나마 다행이다, 골목마다 아이들이 가득하다, 형이 구속됐는데 동생조차 이러면 되겠니?'처럼 사용한다.

우리말 우리글

투성이

'수학 시험 문제지를 받아 보니 모르는 것들 투성이었습니다.'

모르는 것들이 많으면 당황스러울 수밖에 없다. 이때 위의 글은 '~모르는 것들투성이었습니다.'처럼 붙여 써야 한다.

'투성이'를 살펴본다. '투성이'는 (일부 명사 뒤에 붙어) '그것이 너무 많은 상태' 또는 '그런 상태의 사물, 사람'의 뜻을 더하는 접미사이다. 따라서 앞의 말에 무조건 붙여 써야 한다. 위 예문처럼 띄어 쓰는 실수를 많이 하는 것은 말이 길면 띄어 써야 될 것 같은 막연한 불안감이 생기기 때문이다.

'너무 많은 상태'라는 것은 조금 부정적인 표현이다. 따라서 많아서 좋다기보다는 조금 좋지 않은, 또는 불편한 상태라는 의미의 문장에 사용하는 것이 적절하다.

'맞춤법에 맞지 않은 잘못된 오자(誤字)투성이었다, 만든 지 오래되지 않았는데도 날씨가 무더워 상한 것투성이었다, 너도 나도 잘난 사람들투성이어서 도무지 회의를 할 수가 없었다, 오물투성이, 흙투성이, 피투성이, 땀투성이, 먼지투성이, 의혹투성이, 점투성이' 등으로 사용하면 될 듯하다.

우리말 우리글 포기할망정, 포기할 망정

'망정'은 의존명사이면 앞의 말과 띄어 쓰고, 어미로 사용되면 앞의 말과 붙여 쓴다. 위의 예문은 '-ㄹ망정'의 형태로 사용된 '어미'이므로 '포기할망정'이 바른말이다.

'망정'은 '의존명사'로 쓰이면 '(주로 어미 '-기에' '-니' '-니까' '-어서' 뒤에 쓰여) 괜찮거나 잘된 일이라는 뜻'을 나타낸다.

따라서 '삼십 분 일찍 출발했기에 망정이지 집에서 늦게 나갔으면 사고로 죽을 뻔했다.' '늦게라도 돌아왔으니 망정이지 중대 전체가 비상이 걸렸을 게다.' '부장님이 다음 주까지 보고서를 제출하라고 하니 말이 됩니까? 제가 한 달 전부터 미리 준비했으니까 망정이지.'처럼 쓰면 된다.

'-ㄹ망정'으로 사용되는 '어미'는 앞 절의 사실을 인정하고 뒤 절에 그와 대립되는 다른 사실을 이어 말할 때에 쓰는 연결어미다. 앞 절의 사실은 가상의 것일 수도 있다. '비록 그러하지만 그리나' 혹은 '비록 그러하다 하여도 그러나'에 가까운 뜻을 나타낸다.

따라서 '여행을 포기할망정 늘 술에 취해 지나가는 사람과 시비를 붙는 너와는 함께 갈 수가 없다.' '좁은 사무실에서 근무할망정 더 이상 대출을 받을 수는 없다.' '남루한 복장일망정 머리는 단정히 빗고 다녀라.' 등이 적절한 표현이다.

우리말 우리글

한번, 한 번

"서너 번도 아니고 한 번 찍고 포기했다." "사람이 한번 시작했으면 끝을 봐야지. 저렇게 끈기가 없어서야."

'한번' '한 번'처럼 같은 글이지만 윗글처럼 경우에 따라 띄어 써야 할 때가 있다. '명사와 부사'로 쓰일 때는 '한번'처럼 붙여 쓰며, '한'이 '관형사'일 때는 위의 '한 번'처럼 띄어 쓴다. 수량이나 횟수를 뜻할 때 띄어 쓴다는 점을 명심하자.

'한번'이 '명사'일 때는 '(주로 '한번은' 꼴로 쓰여) 지난 어느 때나 기회'를 뜻한다. 부사일 때는 '어떤 일을 시험 삼아 시도함을 나타내거나 기회 있는 어떤 때에, 어떤 행동이나 상태를 강조하는' 등의 뜻으로 쓰인다.

'언젠가 한번은 산 아래로 떨어졌지.' '내가 한번 먹어 볼게.' '다음 주에 한번 만납시다.' '말 한번 잘한다.'처럼 사용하면 된다. 단순히 '한 번'이 아님을 확인할 수 있다. 흔히 사용하는 '다시 한번'이 있다. '한 번, 두 번'의 '한 번'과는 다른 의미로 사용되는 '한번'이므로, 붙여 사용하는 것으로 기억하면 된다.

'한'이 관형사이면 '(일부 단위를 나타내는 말 앞에 쓰여) 그 수량이 하나임을 나타내는 말'로 쓰인다. '그 약은 한 번 먹어서는 안 낫습니다.' '돈 다 내고서 한 번만 타면 손해인데.' '한 번 더 읽어라.'처럼 쓴다.

우리말 우리글

할거야, 할 거야

노랫말에 '사랑을 할거야.'가 있다. 물론 어떤 노래는 '사랑을 할꺼야.'로 쓰여 있다.

바른말은 '사랑을 할 거야.'다. '할꺼야' '할 꺼야'는 둘 다 바른말이 아니다. '~ㄹ 거야'를 어미로 착각해 붙여 쓰면서 비롯된 잘못이다.

'할 거야'는 '하다'의 활용형 '할'에 '것이야'의 구어적 표현 '거야'가 붙은 말이다. 따라서 '것'은 의존명사로서, '들것, 탈것' 등 한 단어로 굳은 것을 제외하고는 앞의 말과 무조건 띄어 써야 한다. '될 거야, 볼 거야, 줄 거야, 밀 거야' 등도 같은 원리이므로 띄어 쓴다.

'훌륭한 사람이 될 거야.' '어제 놓친 드라마는 오늘 꼭 볼 거야.' '결혼기념일에는 아내에게 멋진 선물을 줄 거야.' '내가 좋아 하는 그 후보를 밀 거야.'처럼 사용하면 된다.

'것을'의 준말 '걸'도 마찬가지다. '아름다운 걸(것을) 어떡해.' '오늘이면 줄 걸(것을) 왜 그렇게 급히 빌려 왔어?'처럼 띄어 쓴다.

그러나 앞서 소개한 것처럼 '~ㄴ걸, ~ㄹ걸'이 종결어미로 끝날 때는 붙여 쓴다. 알고 있는 바나 기대가 다른 데 따른 가벼운 반박이나 감탄을 나타내거나 상대편이 이미 알고 있는 바나 기대와는 다른 것이거나 불확실한 추측을 나타내는 경우다. '이미 지난 일인걸.' '지금은 집에 있을걸.' 처럼 사용하면 된다.

우리말 우리글 해야겠다, 해야 겠다

'너 이번 학기 성적을 보니 공부를 좀 더 많이 해야 하겠다.' '사고 현장을 살펴보니 한 달 동안은 조사해야겠다.'

추측이든, 누군가에 대한 조언이든 '-야 (하)겠다' 형태의 글을 많이 사용한다. 그런데 보조용언으로 쓰이는 '하겠다'는 본용언과 보조용언은 띄어 쓸 수도 있고, 붙여 쓸 수도 있으므로 '-아 하겠다, -아하겠다' 두 가지 형태로 모두 쓸 수 있다. '해야 하겠다' '해야하겠다'처럼.

그러나 '하겠다'는 '하'가 생략되면서 '겠다'의 형태로 줄어 사용되는 경우가 많다. 이때 '하'가 줄어든 '겠다'를 '해야 겠다'처럼 띄어 쓰면 문제가 된다.

'겠'은 '어미'다. '미래의 일이나 추측, 주체의 의지, 가능성이나 능력, 완곡하게 말하는 태도, 헤아리거나 따져 보면 그렇게 된다'를 나타내는 말로 사용된다. 따라서 어미는 앞말에 붙여야 하므로 위 예문은 '해야겠다'로 붙여 써야만 한다.

'부진한 영업 실적을 올리려면 모두가 좀 더 노력해야겠다, 앞서 떠난 동료들과 함께 합류하려면 지금보다 더 빨리 뛰어야겠다, 빚쟁이들이 집으로 쳐들어오지 않게 하려면 빌린 돈부터 빨리 갚아야겠다.'처럼 사용한다.

우리말 우리글

호칭, 성과 이름

'홍길동 씨'와 '홍길동씨', 둘 중 어느 것이 바른말일까? '홍길동 씨'처럼 '씨'를 띄어 써야 바른말이다.

한글맞춤법에 따르면 호칭과 관직명은 띄어 써야 한다. 따라서 이름 뒤의 '씨'는 '홍길동 씨', '김중근 씨'처럼 모두 띄어 써야 한다. 또 직책이나 학위, 관직명 등도 모두 띄어 쓰며, 호나 자 등을 이름 앞에 함께 쓸 때에도 마찬가지다.

'김종수 과장, 이영수 총장, 박 국장, 조 이사, 이종구 박사, 유동수 장관, 강감찬 차관, 이순신 장군, 백범 김구 선생' 등이 모두 그러하다.

그러나 성씨 자체를 이야기할 때는 '씨'를 붙여 써야 한다. 가령 '김씨 성을 가진 키가 큰 경비원 아저씨를 아십니까?' '키가 큰 경비원 중에 김씨는 없습니다. 박씨는 있습니다.'처럼 성씨만을 언급할 때는 붙여 쓴다.

또한 문중 이야기나 성씨 등에 대해 말할 때에도 '파평 윤씨', '안동 김씨'처럼 붙여 쓴다.

성과 이름은 붙여 쓰는 것이 원칙이다. 그러나 성이 두 글자인 '황보, 남궁' 등은 성과 이름을 분명히 구분하기 위해 '황보 윤' '남궁 정'처럼 띄어 쓸 수 있다.

3

외래어 표기

우리말
우리글

리더십, 리더쉽

'leadership[liːdərʃɪp]'은 '리더쉽'으로 발음이 나 우리말로는 '리더쉽'을 많이 쓰고 있으나 '리더십'이 바른말이다.

이처럼 'ʃ' 발음으로 인해 '쉽'으로 써야 할지, '십'으로 써야 할지가 혼란스럽다.

그러나 외래어표기법에 정한 원칙이 있다. 국립국어원의 외래어 표기 세칙은 '어말의 [ʃ]는 '시'로 적고, 자음 앞의 [ʃ]는 '슈'로, 모음 앞의 [ʃ]는 뒤따르는 모음에 따라 '샤' '섀' '셔' '셰' '쇼' '슈' '시'로 적는다.'고 규정하고 있다.

따라서 'flash[flæʃ] 플래시, fashion[fæʃən] 패션, shopping[ʃɔpiŋ] 쇼핑, shoe[ʃuː] 슈'처럼 사용한다. 또한 'leadership'처럼 '~ship'으로 끝나는 것은 'membership(멤버십), showmanship(쇼맨십)'처럼 '십'을 사용한다.

더불어 fighting(파이팅)처럼 원래 단어 'f' 발음은 'ㅎ'을 써야 할지, 'ㅍ'을 써야 할지 구분이 어렵다. 차라리 'ㅎ'에 가깝다. 그래서 외래어표기법은 f와 p의 발음을 모두 'ㅍ'으로 통일해 쓰게 했다. 그래서 '판타지(fantasy), 파이팅' 등으로 쓰게 된 것이다.

중모음 [ou]는 '오'로, [auə]는 '아워'로 규정함에 따라 boat[bout]는 '보우트'가 아니라 '보트'가 되고, tower[tauə] 는 '타우어'가 아니라 '타워'로 적는다. 그래서 수건을 뜻하는 'towel'도 '타우얼'이 아니라 '타월'로 적는 것이다.

우리말 우리글

쥬스, 주스

"앙케이트 조사 대신 해줘서 고마워. 나랑 부페 가서 식사나 하자." "그러지 말고, 그냥 저기 까페에 가서 쥬스나 한 잔 하자."

외래어표기법은 영어 일어 불어 등 다양한 규정을 두고 있으나 그 규정을 모두 외워 사용하기는 사실 어렵다. 따라서 자주 사용하는 단어는 익혀서 바르게 사용하는 것 외에 별 뾰족한 방법이 없다.

위의 글에서 사용한 '앙케이트'는 '앙케트'가 바른말이다. '사람들의 의견을 조사하기 위하여 같은 질문을 여러 사람에게 물어 회답을 구함. 또는 그런 조사 방법'을 뜻하는데, 우리말 '설문'이나 '설문 조사'로 순화해 쓸 것을 권하고 있다.

'부페'도 '뷔페'가 바른말이며, '까페'도 '카페'가 바른말이다. 카페는 '찻집' '술집' 등으로 순화해 쓰도록 권유하고 있으나 '카페'가 너무나 널리 사용되는 바람에 도저히 순화해 쓰기가 어려울 지경이다. '카페'는 그냥 사용하는 수밖에 없다. '쥬스'는 '주스'가 바른말이다.

이 밖에도 흔히 입는 옷 '가디건'도 '카디건'이 바른말이며, '컨텐츠'는 '콘텐츠'로, '꽁트'는 '콩트'로, '앵콜'은 '앙코르'로, '화일'은 '파일'로, '환타지'는 '판타지'로 써야 옳다. 잘못 사용되고 있는 것 중 대표적인 몇 가지를 살펴봤다.

우리말 우리글 카리브해, 카리브 해

외국 지명을 표기할 때 바다나 강 등을 붙여 써야 할지, 띄어야 할지 혼란스러울 때가 많다. 외래어표기법에 따르면 위의 글은 '카리브 해'가 바른 띄어쓰기다.

우리 외래어표기법 제4장 제3절 '바다, 섬, 강, 산 등의 표기 세칙'에 따르면 바다는 '해'로 통일한다. '홍해, 카스피해, 발트해' 등처럼.

'섬'은 우리나라의 경우 대개 제주도, 울릉도, 독도, 홍도처럼 '도'로 사용되며, 지명이라 쓰는 데 문제가 없다. 그러나 외국 지명의 경우 모두 섬으로 통일한다. '롱아일랜드섬, 하이난섬, 타이완섬, 발리섬'처럼 표기한다.

또 지명이 산맥, 산, 강 등의 뜻이 들어 있는 것은 '산맥' '산' '강' 등을 겹쳐 적는다. 따라서 '알프스산맥, 몽블랑산, 리오그란데강'처럼 사용한다.

우리말 우리글 퍼센트(%), 퍼센트포인트(%P)

지난해 회사 성장률이 10%였고, 올해는 20%라면 지난해보다 몇 %가 성장했다고 말해야 할까?

'퍼센트(percent)'는 백분율을 나타내는 단위이며, 기호는 '%'를 사용한다. '퍼센트' 대신 '프로'라고 쓰기도 한다. 어느 것을 사용해도 무방하다.

그러나 흔한 실수는 %와 %를 비교할 때에 나타난다. 이때는 반드시 '%포인트' 또는 '퍼센트포인트' 라고 해야 바른 표현이다. 흔히 신문, 잡지 등에서는 '%P'로 기재하기도 한다.

사전을 빌려보면 '퍼센트포인트(percent point)'는 '백분율로 나타낸 수치가 이전 수치에 비해 증가하거나 감소한 양.'이다. 이에 덧붙여 말한다면 이자율, 실업률 등 어떤 분야이든 %와 % 간의 비교면 '퍼센트포인트' 또는 '%P'라고 표현하면 맞다.

위의 10%와 20%를 비교해 보자. 이 경우 다음처럼 두 가지로 표현하면 된다. '100% 성장', 또는 '10%포인트 성장' 이것을 포인트를 붙이지 않고, '10% 성장'이라고 하면 100% 성장한 것을 10% 성장했다고 줄여 말하는 것이니 바른 표현이 아니다.

어떤 분야의 비중이나 이자율이 10%에서 5%로 감소했다고 보자. '50% 감소' 또는 '5%포인트 감소'라고 하면 된다. 50%나 감소했는데 단순히 숫자만 보고 '5% 감소'라고 하면 틀린 말이다.

은행 이자율 등은 비교하는 %의 차이가 크지 않아 '퍼센트포인트, %포인트, %P'로 쓰면 간결하다. 이자율이 2%에서 1%로 줄면 '1%포인트(1%P)' 감소한 것이고, 1%에서 2%로 늘면 '1%포인트(1%P) 늘어난' 것이다.

아차, 또 틀렸네 _우리말 우리글

인 쇄 일 2021년 11월 18일
발 행 일 2021년 11월 25일
지 은 이 윤성국
발 행 인 이영옥

펴 낸 곳 도서출판 이든북
출판등록 제2001-000003호
주　　소 대전광역시 동구 중앙로193번길 73
전화번호 (042)222-2536
팩시밀리 (042)222-2530
전자우편 eden-book@daum.net

ISBN 979-11-6701-089-6(03700)
값 15,000원